이지영 시선집

삶 자체가 아름다운
너는 꽃이다
우쭐하지도 오만하지도 않고서
온갖 희열을 전이(轉移)시키는
너는
날마다 새로운 기쁨에 산다

눈꽃 사랑

이지영 시선집

눈꽃 사랑

이지영 시선집

도서출판 밀레

▌시선집을 내면서▐

저녁 어스름, 밤으로 가는 이 시간을 하루 중 나는 제일 좋아한다. 하루가 저무는 시각, 적막에 쌓여 모든 소멸 속에서 지난날을 반추 해보며 그리움을 부여잡고 싶다. 어머니가 자식들을 불러들여 맛있는 저녁밥상을 차리듯, 여기 저기 발표한 시들을 불러 모아 시의 잔치를 하고 싶다.

그동안 많은 시집을 내었다. 대학신문학보사 편집장으로 시작(詩作) 활동을 시작한 후 1993년도 늦깎이로 등단 『그리움으로 달려가 달빛처럼 젖고 싶다』(1995년) 이후 열 번째 시집 『서울 속의 바다』까지 20년 동안 정말 세월 가는 줄 모르고 시에 빠져 시의 잔치 속에서 시(詩)만 짝사랑 하면서 살아왔다. 시집을 낼 때마다 항상 내 시가 독자들에게 얼마만큼 감동을 주었을까 의문하면서 부끄러움을 지우지 못했다.

내 시집을 보고 보내온 '사랑으로 사는 사람은 종일을 기다린다 사랑이 보일 때 까지'(조병무), '사랑 화살에 그리움의 불꽃을 달고 표적 대상을 향해 일방적으로 날아가는 시가 이지영의 (불꽃시)'(정광수)라고 평해주신 많은 글들의 격려를 잊지 않고 있다. 그렇다 한 생을 살아가는 동안 그중 중요한 테마는 사랑 아닌가! 나는 커피를 마시듯 사랑에 열중했다. 신(神)께, 문학에 인간에 모든 곳에 사랑을 퍼부었다. 적어도 사랑하려고 노력했다. 사랑이 없는 곳은 피가 통하지 않는 나무토막이다.

나의 (허송)시에서 '명정거리도 못되는 시/ 남겨서 무엇하나// 환상이 깨어지는 것을/ 멀리서 바라보며/ 어느덧 해지고 걸어야 할 길 먼데// (이희선)처럼 우리 이렇게 흘러가고 있다.'

이번 시집 상재에서 특별한 이유가 있다면 그동안 나름대로 보고, 느끼고 생각한 것들을 담아낸 10권의 시집에서 애정이 가는 시편들을 골라 한 권의 시선집으로 묶어야겠다고 생각했다.

나의 시는 함축과 절제가 그리 깊지 않고 일상의 언어들이라 작품 해설을 넣지 않아도 되었지만, 시평을 받고 싶어 정말 훌륭하신 평론가 선생님들을 모셨기 때문에 이번 시선집에 넣어 주옥같은 빛나는 말씀들을 다시 한 번 읽고 싶었다.

생각하면 모든 것이 감사할 뿐이다. 후원해준 가족들에게 감사하고, 문단의 선후배 선생님들, 문우들에게 깊은 감사를 드린다.

2012. 10.

평촌 꿈마을에서

이 지 영

▌평설▌

감성 언어의 생명력

—『이지영 시선집』을 중심으로

조 병 무(문학평론가, 시인)

1

현대시가 나아가는 새로운 미적 감성은 사회적으로 다양하게 변화하고 변질되는 많은 요소와 관련을 맺고 있다. 과거와 같이 심상에 머물었던 여유로운 관습들은 고도로 높아가는 문명 문화 그리고 인간관계의 침몰되는 현상 앞에서 현대시가 어떤 모습으로 보일 것인가는 짐작하기 어렵다.

이러한 문제를 해결하는 중요한 요인은 과학이라는 첨단의 이기와 대응하여 마주설 수 있는 것은 예술적 기능의 우월성을 높이는 철학적인 사고의 폭을 넓고 크게 보여주는 것이라 할 것이다. 이지영 시인은 "산업화 사회, 정보화 사회로 갈수록 메마르고 삭막한 현실에 시의 윤활유가 흐르고, 시의 물결이 파도를 친다면 얼마나 아름다운 세상이 될 것인가!(제7시집 『절망의 층계 쌓기』 책머리에)"라는 메시지를 울리는 이유가 될 것이다.

현대시도 이러한 관점에서 볼 때 변화의 속도를 가름할 수 있고, 과거 일반적인 견해였던 심상적인 함축의 문제에서 또 다른 일면의 요인으로 전이되는 것도 이러한 관계라 할 것이다.

이지영 시인은 등단 이후 10권의 시집을 보여줌으로써 많은 문제를 찾아 나서기도 하고, 그 문제의식에 대한 스스로의 해답을 설정하기도 했다. 시인의 작품에 대하여 평자들은 다음과 같이 그 특징을 평설에서 보여주고 있다.

원점으로의 회기욕망, 그것은 자연으로 상징되는 영원한 모성애의 귀의이며, 방랑혼에 깃든 귀소본능이다.

— 김대규 제1시집 『그리움으로 달려가 달빛처럼 젖고 싶다』에서

아직도 초기의 곱고 맑고 밝기만 한 심성을 여전히 아름답게 유지하고 있다. 섬세하고 부드럽고 절도 있는 언어들로 노래하는 주정적 서정시를 즐겨 쓰고 있음이다.

— 김남웅 제2시집 『젖은 날의 일기』에서

그의 시적 모티브의 특색은, 자연을 통하여 사랑을 찾으려는 경향이 농후한 것으로써 인간은 자연에서 왔다가 자연으로 돌아간다는 생태학적인 측면에서 볼 때 지극히 자연스러운 현상이기도 하다.

— 김경린 제3시집 『꿈꾸는 밀어』에서

꽃과 단풍을 빌려 남녀 간의 뜨거운 사랑과 기다림의 시를 거쳐, 삶을 반성하고 역사를 반추해 보는 시도 곁들이는 한 편, 시각적인 사물시를 쓰는 등등 폭 넓은 시의 세계를 열어왔고 열어가고 있다.

— 이유식 제6시집 『사랑으로 가는 바람』에서

이지영 시인의 시에는 즐겨 양극화가 나타난다. 양극화는 서로 결합내지 결합될 수 없는 두 극을 설정, 서로 대립, 갈등, 반

> 목, 배타와 같은 요소를 충돌시켜 긴장을 고조시켰다가 이를 화해로운 관계로 합일시켜 새로운 시적 질서를 획득해냄으로써 긴장의 이완을 통해 체험하는 카타르시스를 배가해 주게 되는 메타피지컬 포위트리의 시법이다.
>
> — 박진환 제7시집 『절망의 층계 쌓기』에서

위의 인용한 평설에서 보듯이 이지영 시인은 자연, 인간, 사랑을 통한 소망과 기다림과 그리움, 생명과의 동일체 의식을 교감하려는 강한 집념이 새로운 인식의 정서를 동화하려는 의욕으로 나타난다.

이지영 시인은 단순한 감성으로 사물을 엿보려는 것이 아니고, 그 사물이 지니고 있는 내면적인 암시나 외면적인 화폭의 면면에 함축되어 있는 강한 절충의 이미지를 찾아 동화하고 교감하려는 생명의지가 엿보이고 있다. 시집 10권에서 시인이 스스로 선택하여 시선집으로 편집한 의도 역시 자신의 시 작품 속에 내재한 감성을 조감하려는 또 다른 의미를 보여 주려는 것일까. 이러한 몇 가지 관점 속에서 시인의 작품 속에 면밀히 나타내고 있는 특징 몇 가지를 살펴 보려한다.

2

1) 동화와 절충

우주에 생성되고 있는 자연은 모든 만물의 생명체이며, 특히 인간에게는 생존이라는 거대한 삶과 동일체를 이룬다. 이지영 시인은 이러한 자연이라는 영원성을 자신의 시적 영생으로 공존하면서 동화와 절충을 시도한다. 시인 역시 자연이라는 소재에서 여러 각도에 걸쳐 새로운 정감을 찾아내려고 한다. 시인이 바라본 자연에 존재하는 모든 소재들은 그 자체가 하나의 자연이면서 인간 삶의 모든 부분과 관련을 맺고 있음을 찾는다. 특히 그러한 자연 환경에 살아 있는 모든 사물은 그 사물 자체의 미적 영감의 형상이면서 시인과 공조되는 또 다른 일면에 잠적해 있는 철학을 찾아 공생하는 법칙을 보여준다.

그래서 이지영 시인의 자연 교감은 꽃, 계절, 바다, 섬, 달, 산 등 무한한 존재의 정감 속에서 새로운 이미지를 동화하고 절충하는 작품이 많음도 이러한 시인의 정서 때문이라고 할 것이다.

①

그대의 미소를 만나
새롭게 하루를 산다
날마다 사랑의 유서를 쓰며
죽을 힘 다해 정성을 펴 올리고
온갖 색채 향기로 전신을 드러내다가
속절없이 쓰러지는
아름다운 고통
목가시에 찔려 따끔거려도
아픈 만큼 더 정들어

그대의 미소를 만나
날마다 새롭게 태어난다

— 「꽃 2」 1연

②

삶 자체가 아름다운
너는 꽃이다
우쭐하지도 오만하지도 않고서

온갖 희열을 전이(轉移)시키는
너는
날마다 새로운 기쁨에 산다

더욱이 그것이
화려하다 금세 지는
생멸(生滅)의 길일지라도
한사코 너는
추하지 않고
비겁지 않아
존경스럽다

—「꽃」 1, 2연

작품 (1)의 「꽃 2」 1연에서 꽃의 외형적인 이미지에서 시인은 그 내면에 잠적해 있는 새로운 정신적인 생명력을 찾아낸다. 다만 그것은 꽃 자체의 생명력만이 아니다. 시인 자신의 영감에 젖어 들어 공유의 생명력의 이미지 속으로 교감되고 있다. '그대의 미소를 만나/ 새롭게 하루를 산다' '그대의 미소를 만나/ 날마다 새롭게 태어난다'와 같이 새롭게 하루를 살고 새롭게 태어나도 그 존재는 꽃이면서 때로는 시인의 영감이다. 시인은 하나의 꽃에서 자신으로 환원하는 순간을 포착하면서 꽃과 나는 일체가 되는 미적정감에서 벗어나지 못한다. 꽃의 내면에 포괄된 생명의 존귀함에서 시인은 스스로를 찾아 자신의 일상의 생명력을 찾아내고 있다.

작품 (2)의 「꽃」에서는 꽃 자체의 삶의 희열과 기쁨을 시적 이미지로 환원시키고 있다. 외형적인 꽃의 모습에서 얻어내는 영감의 회화적 기법이다. 다만 그러한 영감의 언어감각은 시인 자신의 감성에 따라 변하기 마련이다. 그러나 시인은 아름다움에 희열과 기뿜은 물론 꽃이 지니고 있는 무한한 발상을 찾아 또 다른 이미지에 매료된다.

한편의 꽃에서 교감되는 자연이라는 형체에서 새로운 생명력의 의미를 은유하는 이지영 시인은 그러한 소재에서 동일체의 의식을 가지면서 인간과의 교감과 생명의 새로운 암시를 제시하고 있다. 꽃뿐만 아니라 다른 소재에서도 이러한 경향의 작품이 많다. 특히 「그림자」「가을나무」「벚꽃 길」「호반」 등의 작품에서도 시인이 지닌 이러한 면면을 살필 수 있다.

2) 기다림과 그리움

사실 많은 시 작품을 읽다보면 기다림과 그리움의 세계가 열려지는 경우가 많다. 시인이 사물을 바라보면서 어쩌면 그 사물에서 오는 첫 영감이 그 사물에 대한 기다림이며 그리움의 내면을 들여다보기를 갈망하는지 모른다. 그만큼 기다림과 그리움은 인간이 살아가는 일상에서 사물과 접촉하는 가운데 얻어지고 느끼는 하나의 촉매가 되고 있다.

이지영 시인의 작품에서 이러한 기다림과 그리움의 세계에 몰입되고 있는 것은 시인의 많은 작품 속에 하나의 큰 획을 지니고 있다. 어쩌면 그는 그리움과 기다림, 그리고 사랑의 찬가에 몰두하고 있는 큰 감성의 세계를 찾아 나서고 있는지도 모른다.

①
빈 가슴
채우질 못해

가만히 바라보는 너의 눈

몸과 영혼 불태워
흑진주에 담아
깜깜한 밤하늘에 별로 뿌릴까

티끌 없는 한 마음
늘 헐벗고 비에 젖어

내 빈 찻잔의 공허
채우질 못해
가만히 매만지는 침묵의 손

—「찻잔 앞에서」 전문

②

사랑하는 사람이 그립거든
촛불 켜두고
눈물 흘려 보아라
어둠 밝히며 떠올리는
님 향한 마음
함께 나누었던 소중한 시간들,
고요히 눈감고 두 손 모두어
고백으로 용해된 눈물 보아라

바람막이 없이
내 안에 와 춤추다
어떻게 될지 모르는 운명

사랑하는 사람이 그립거든

고요히 눈 감고 무릎 조아려
거룩한 사랑의 빛을 보아라
너와 내가 비칠 수 있는 빛
그 빛 다 질 때까지
내 안에 와 박힌 심지
다 타버릴 때까지

—「촛불」 전문

인용한 두 작품은 그리움과 기다림을 절충한 작품이다. 그리움에 대한 정적인 정감이 하나의 사물을 만났을 때, 그 사물과 동일시하면서 새로운 감각 속으로 시인은 빠져든다. 작품 「찻잔 앞에서」 '빈 가슴'과 '빈 찻잔'을 동일시하면서 이를 채울 수 없는 심성은 역시 하나가 된다. 화자는 찻잔을 앞에 두고 시인의 가슴 속에 응어리진 다른 요인을 생각한다. 채우지 못한 공허의 마음과 빈 찻잔과의 관계에서 심리적인 거리가 가까워진다.

그래서 시인의 감정은 파토스(pathos)의 수렁으로 몰아가 '몸과 영혼 불태워/ 흑진주에 담아/ 깜깜한 밤하늘에 별로 뿌릴까'라는 극한적인 그리움으로 달려간다. 이 작품에서 시인의 정적 정감과 동적 정감이 교차하는 가운데 정적 정감으로 돌아와 '가만히 매만지는 침묵의 손'으로 자신을 달랜다.

작품 「촛불」에서 강렬한 사랑의 심상이 대칭되고 있다. 그리움의 절정으로 몰아 시인은 강렬한 이미지를 발상한다. 서두에서 '사랑하는 사람이 그립거든/ 촛불 켜두고/ 눈물 흘려 보아라'라는 직설적인 화두를 설정하면서 불빛을 밝히며 타고 있는 촛불의 영감이 결말에 가서 '사랑하는 사람이 그립거든/ 고요히 눈 감고 무릎 조아려/ 거룩한 사랑의 빛을 보아라/ 너와 내가 비칠 수 있는 빛/ 그 빛 다 질 때 까지/ 내 안에 와 박힌 심지/ 다 타버릴 때까지'에서 자신을 소멸하는 초월적인 그리움으로 승화시키고 있다. '촛불'의 화두에서 사랑의 승화, 절정으로 옮겨가는 시적 몰입은 시인의 영적인 순간의 포착에 귀결하려는 강한 인상을 찾을 수 있다. 이러한 이미지의 확산은 이지영 시인의 작품 도처에서 찾을 수 있다.

'빈 찻잔'과 '촛불'의 영상 매체에서 시인은 비유와 상징과 정신적인 이미지의 감각에 젖어 있다. 사실 시인은 민감한 정서에 초점을 두기 때문에 어떠한 사물이 자신의 내면에 직감될 때 시의 영감은 많은 새로움으로 영상 된다. 위의 두 편의 작품뿐만 아니라 많은 그의 작품에 공감되는 요인이 있다는 것은 시인 스스로 그러한 정신적 인식에 잠재해 있기 때문이다. 이지영 시인의 이미지는 강렬한 영상 매체의 특이한 회화성을 나타내면서 한 폭의 강한 충격적인 미적 언어감각을 찾고 있는 것은 시인의 최대 장점일 수 있다. 이러한 작품은 「기다림」「꿈」「세월」「사랑만을 위해」 등 많은 작품에서 찾을 수 있다.

3) 사랑의 그림자

현대시의 초창기부터 오늘날까지 많은 시인들은 사랑의 찬가와 이별을 노래했음을 알 수 있다. 시인들이 찾은 사랑은 순수한 정감의 일체에서 벗어나지 못하는 정서에서 비롯된다. 이지영 시인의 시선집에서도 그러한 사랑의 여러 면을 노래하고 있다. 그래서 이지영 시인은 사랑의 시인이다. 10권의 시집에서 보여주는 사랑의 각도는 여러 측면에서 볼 수 있으나 사랑 그 자체의 일면에 대하여 살펴보고자 한다.

이지영 시인의 사랑에서 비유의 농도가 이채롭다. 어떠한 사물의 내면에 깊숙이 숨겨 있는 절대적인 사랑의 대칭을 찾아낸다.

①

내 안에 있는
그리움이다

먼 산에 걸려 있는
아침 안개처럼
아득하면서도 잡히지 않는
사랑을 찾는 길이다

—「사랑이란」 1, 2연

②

노을녁 들판에 서서
당신 그림자
내 곁에 세워둔다

밤이면
잔잔한 내 호수에 와서
부엉이의 눈 되어 별로 떠 있고

푸른 나무 등걸에
꼿꼿이 앉아
아픈 가을의 심장을 진맥한다

—「그대 내 곁에」 1, 2, 3연

③

당신의 눈에는
늘 푸른 하늘이 있습니다

그 하늘 속을 노니는
감미로운 들바람이 있습니다
달빛이 춤을 추며 나오고
그저 눈멀고 귀멀어
황홀한 당신의 하늘을 맴돕니다

— 「가을 숲길」 2연

위의 작품에서 보듯이 사랑은 '아침 안개' '부엉이의 눈' '늘 푸른 하늘'로 시인의 눈을 매료 시킨다. 그런데 시인의 사랑은 기원이며 절규에 가깝다. 기다림과 그리움의 사랑 속에서 찾아 가는 사랑의 일맥은 '사랑을 찾는다' '심장을 진맥한다' '하늘을 맴돕니다'에서 시인의 정서는 하나의 영혼의 소망이며 영가의 언저리에서 맴돌고 있다. '아침안개'처럼 '아득하면서 잡히지 않는' 그것이 사랑이고 그 사랑이 그리움으로 남아있는 사랑의 실체에 대하여 '노을녘 들판에 서서' '당신 그림자'를 '내 곁에 세워' 두는 그러한 사랑의 마음, 그리움이고 기다림에서 비롯되고 있는 '감미로운 들바람'에서 '달빛에 춤을 추며' '눈멀고 귀멀어'야 하는 사랑, 시인의 사랑의 표상은 심성에서 매료되는 이미지의 정착인지도 모른다. 그러한 사랑의 여백에서 찾아지는 여운을 친근한 언어와 운율에 의해 확연한 영상미를 제공하고 있다.

이지영 시인의 사랑에서 보듯 사랑에 대한 강렬한 소망을 담기도 하고 그리움의 상황으로 자신을 찾으려는 강한 집념의 모습이 시인의 많은 작품에 담겨 있다. 시인이 찾은 많은 소재에서 사랑과의 일치점을 찾아 그 사랑의 농도를 측정하고 그 사랑의 그리움을 영적인 결정체를 만들어 무한한 사랑의 대상으로 조형시켜 놓고 있다. 이러한 작품으로 「연가 2」「그대가 있음으로」「세월」「내 곁에서 있기만 한다면」「사랑을 위해」「사랑은」「그 사랑」「참 좋은 사랑」

「사랑이란」「사랑 리필」「사랑 끝 사랑 시작」「꽃 보다 아름다운 당신」 등에서도 감성의 농도가 짙게 나타남을 알 수 있다.

이러한 사랑의 일면을 가족과의 삶의 진실성으로 또 다른 모습을 보여주고 있음도 지적해 두고 싶다. 그래서 이지영 시인의 사랑은 절대적인 사랑의 찬미를 노래했는지도 모른다.

3

지금까지 이지영 시인의 몇 가지 특징을 살펴보았다. 시인의 시 세계는 그 폭이 넓으나 그가 찾으려는 세계는 이미지와 동화와 절충, 그리움과 기다림의 절정을 향해 달리고 있다고 할 것이다. 다만 그 언어적인 감성에서 와 닿는 폭이 넓어서 그 진면목을 인식하면 그의 작품이 지니는 강도는 우리 현대시의 또 다른 영역을 조형시키고 있다고 할 것이다. 10권의 시집에서 선택한 시선집을 통해 이지영 시의 일면모를 조감할 수 있다는 것은 또 다른 의미에서 현대시 발전의 밑거름이 되고 있음을 증명하는 것이다. 결론으로 시인의 시집에 나타난 '자서' '시인의 말'에서 이지영 시인의 전체 작품을 대변하고 있음도 그의 작품을 이해하는데 많은 도움을 주리라 믿어 발췌한다.

> 그 젊은 날, 여자로서의 기다림과 그리움, 삶의 환희와 절망, 주체할 수 없던 인생의 고뇌들을 아름답게 노래하리라.
>
> — 제1시집 『그리움으로 달려가 달빛처럼 젖고 싶다』의 자서에서

> 바람 부는 언덕에 그리움 하나 심어두고, 흔들리는 잎새가 되어,

> 파도가 되어, 불꽃으로 혼불로 타는 시를 쓰고 싶었다. 문명 속에서 상실되는 모든 것을 아프게 바라보고, 인간의 고향, 사랑을 찾아가고 싶었다…… 그리움과 사랑은 나에게 내일에 대한 기대를 갖게 하고 삶에 대한 무한한 경의를 느끼게 한다.
>
> — 제2시집 『젖은 날의 일기』의 서문에서

> 아픔, 사랑, 공허, 상처, 티끌, 몸부림 등을 마법에서 풀린 요술 같은 언어로 쏟아낸 일기 같은 시…… 나 자신의 내면의 세계가 폭포수처럼 쏟아지는 시를 막을 수 없었다.
>
> — 제10시집 『서울 속의 바다』의 시인의 말에서

이상에서 보듯이 시인은 시인 자신의 내면의 실상을 숨김없이 보여 주었다는 점에서 많은 작품의 여적을 들여다 볼 수 있다. 시가 가져다주는 인간 삶의 흔적 속에서 시인의 감성과 영감은 강한 메시지를 통해 현대시가 지니는 다각적인 면모를 보여주고 있다. 결국 문학은 자신의 영원한 동반자이면서 자신의 내면의 추적자라는 점을 이지영 시인의 작품에서 엿 볼 수 있다.

•차•례•

제2시집

젖은 날의 日記

(1998. 5. 10 문예사조)

제3시집

꿈꾸는 밀어

(2000. 9. 30 문학과 의식)

제4시집

가까운 사람아, 먼 사람아

(2001. 12. 30 天山)

제5시집

산 하나 품고

(2003. 9.20 시문학사)

제6시집

사랑으로 가는 바람

(2006. 12. 1 밀레)

제7시집

절망의 층계 쌓기

(2007. 9. 15 조선문학사)

제8시집

소멸의 뒤안길

(2009. 2. 28 문예사조)

제9시집

육부능선에 서서

(2010. 11. 25 시문학사)

제10시집

서울 속의 바다

(2011. 10. 5 조선문학사)

작품 해설

〈제1시집〉

〈제2시집〉

〈제3시집〉

제1시집

그리움으로 달려가 달빛처럼 젖고 싶다

(1995. 11. 30 깨침의 소리)

▼

■

•

꽃

삶 자체가 아름다운
너는 꽃이다
우쭐하지도 오만하지도 않고서
온갖 희열을 전이(轉移)시키는
너는
날마다 새로운 기쁨에 산다

더욱이 그것이
화려하다 금세 지는
생멸(生滅)의 길일지라도
한사코 너는
추하지 않고
비겁지 않아
존경스럽다

순수만이 칠할 수 있는
빛깔과 향기의 무위(無爲)인 너는
초절(超絶)의 삶이다

새벽

어둠을 살라먹고
바다 건너오는
미명(未明)

난초 잎 하나
푸른 촉눈 뜰 때
뿜어내는
생명의 풀무질

창가에는
빛의 날름거림

태동(胎動)이란 언제나
황홀한 것
새로운 출발점이다
닫힌 마음을 열고
어서 그대를 맞으리라

겸허한 무아의 경지
누군가 자꾸
문 두드린다.

젊은 날 나는

젊은 날 나는
詩를 쓰는 남자를
좋아했었다

한겨울 강가를 서성이며
뜨거운 입김으로 들려주던 노래

불빛 멀리
네덜란드 풍차가 돌고
끓어 넘치는 언어들이
숨 막히게 귓전에 들어와
詩가 될 때
우리는 두 개의 찻잔을 마주하고
아무 말이 없었다

이별은 언제나
약속된 운명,
그 이후 그는 떠나가고
詩도 함께 내게서 떠나갔다

길 잃은 한 마리

겨울 어치새가 된 나는
깊은 겨울 숲속에 갇혀
빠져나오지 못해,
결혼이란 30년 기인 강을
그렇게 무섭게 헤엄쳐 왔다

그러던 어느날
내 젊은 날 그리워했던
그 남자의 詩는 다시 살아서
꿈 안개 속을 헤집고 나와
불혹의 마지막 귀퉁이에 선
이 작은 가슴에 불을 지폈다

진실로 방황은 끝이 없는가
詩가 보이는 언덕에서
쥬리엣 그레꼬의 샹송을 들으며
내 심연(深淵)속 깊이깊이
나를 띄우고
젊은 날처럼 다시 한 번
또 그렇게
뜨거운 유영(遊泳)을 하고 싶으다.

세월

시간은
옷자락 붙들고
춤추며 가자 하고
꽃잎은
천연(天然)의 자태로
노을져 불타가는데

어쩔 수 없구나
인생이란 것
점점 사위어가는 모닥불처럼
잊히는 타성에 젖어
황홀키만 한 옛날
그 첫 만남의
섬광(閃光)들—

눈물 같은
바다야 산아
너, 이리로 오렴!
비단처럼 쭈—욱
내 펴 깔고
그때처럼 옛날처럼
나를 출렁케 하라

섬 솟듯
솟으며
흐르는 시간에
바람 휘덮여 올 때
나,
새벽처럼 그렇게 동터오고파

먼 데서 안개 무너져 내리는
소리

문득 내 귓전에
들려오는
저어

그리움으로 달려가 달빛처럼 젖고 싶다

그리움으로 달려가
달빛처럼 젖고 싶다

휘영하니
맑고 밝은
그대 얼굴

어릴 적
내 사춘(思春)의 영창(影窓)에
와 놀던 왕자여

한 40년—

어쩌어쩌 깨어보니
애증(愛憎)이란 덤덤이

사모(思慕) 침은
아직도
그 예처럼 화안한데

배지시 나리는 은총
낯설어
우읍네다.

삼악산 가는 길

삼악산 가는 길이
꼭 이 인생길이었다
제법이더라
초막에 살던 딸깍발이
등선폭포 타고 내려와
돌 벽에 기대섰고
굽이굽이 오르는 길
구절양장(九折羊腸)엔
저승길도 보였다
인생이란 게
다 그런 것
너무 그리 악 쓰지 마라
저렇듯 한껏 뽐내고 선 것도
따지고 보면 모두
그림이더라.

섬

젖은 갈매기
끼룩끼룩 울며 날아가
앉아 버리니
밀물이 가슴까지 차 와
섬이 되었다

끝도 시작도 없는
머언 항해여
그대는 언제나
혼자 아니던가

비가 오는 날은

비가 오는 날은
거리로 튀어 나간다
빗속에 비가 되어
비로 걷고 싶어서

체면과
자존인들
내 알 바 아니다

가장
적나라한 모습으로
다가가서
비에 젖은 내 몰골을
드러내고 싶어서

비가 오는 날은
거리로 후다닥 튀어 나간다
반 고흐의 빈 의자에
그림으로
앉고 싶어서

젊은 날은 경마처럼
떠나 버렸고
아이들조차 이제는
내 품에서 떠나갔지만
아직은 떠날 줄 모르는
나의 옛날을
어쩌거나 조용히 찾고 싶어서

겨울바다에의 표상(表象)

1

북녘땅 겨울바다에 눈이 나린다
가슴을 파서 시를 쓰던 시인이
제 혼을 부르다 쓰러지고
갈매기가 지쳐서 쪽지를 접고 죽어간
저 해랑(海浪)의 몸부림에
저 편린(片鱗)의 시구들
듣는가 너는 지금

2

진종일 황량한 그 바다에
깃발 나부끼고
닻을 내릴 줄 모르는
흰나비 떼들

점점히 두고 보아라

하아얀 꽃순이 터지고
새로운 불꽃이 명멸하는 밤
불피리 불며 어디선가
한 초인(超人)이 나타나리니
하늘도 신비의 눈을 열고
역사의 한 올 한 올을

새로이 하리

3
별들이 눈부시다
혜성처럼 흐르다
그대들 모두 나아오라
사랑은 아름답고
사랑은 신비로운 것
떨리고 두려운 마음 마음들 모아
오직 이 엄동(嚴冬), 이 풍랑(風浪)을
헤치며 가자

포효하는 삶
그 거친 숨결의 굴레 속에서
나를 깍고
나를 세우고
나를 만나며
나와 더불어

4
인생은 때때로
역(逆)으로 살기도 한다
망둥이 튀듯 그렇게 튀며

오늘은 내 숨결이 심하게 일어도
몰라하는 걸 배우고
포도빛 물그늘을 지우며
젖은 눈까풀을 하고
하아얀 오늘을 살자

5

귀로 없는 울림
교향(交響)하는 물결소리
그 역사속의 나

우— 몰아치는 물보라 뒤에
거대한
참으로 거대한 바다의 표상을 본다
아침을 몰고 오는 위대한 폭군
비로소 너
정박의 폿대를 높이 쳐든다
시여 사랑이여 예 있으라
안식과 평화여 예 넘치라

북녘땅 겨울 바다에
눈이 나린다.

태풍의 바다

해운대
달맞이 고개
언덕 위 통나무집에서
태풍의 바다를 본다

동해 화진포
방파제 네모 턱을 치고
산(山)만하게 덮쳐 와서
가슴까지 치고 있다

죽어도 잊지 못할
못다한 사랑 같은 게
왈칵 치솟으며
무섭게 몰려온다

소리쳐 너를 부르면
너는 아랑곳없이
파도만 대답하고
몹쓸 광란하듯
너는 언제나
미친 짓만 뿌린다.

가을은

가을은
아틀리에를 나서는
여인의 마음
불혹(不惑)을 넘어서도
좀처럼 주체하기 힘든
삶의 업보(業報)

눈을 감고 손을 모아도
마음은 한 줌 모으질 못해
한 잎 순백의 바람에도
울울(鬱鬱)히 지는 낙엽, 낙엽
방황은 이제부터인가
그 순수의 시공(時空)
그 뜨거운 반란(叛亂)

마침내는 소녀적보다 더 높푸른
하늘, 내려와
내 작은 뜨락을 기웃거리면
멀리 석양 머리에 쏟아지는
알렉산더 푸슈킨의 시구 두어줄
'생활이 그대를 속일지라도

노하거나 슬퍼하지 마시라'
홍조 띤 그 가락
그 낭만
가을은
한 움큼 못 다한 사랑
불타는 마지막 정열
목숨 내 걸고 지금 저렇게

내 가을은

겨울강

그대 짙은 눈썹의 그림자가
늪 속에 침전되어
강이 되었나
언제나 당신을 보면
겨울강이 흐른다

어둠 속에서도
동면(冬眠)하지 않고
물밑으로 솟아나는
뜨거운 정기가 그대에겐 있다

거기 강기슭 억새는
하늘 키만큼 커서 서걱이고
습관처럼 바람까지
이 강에 와 가득 빛난다

활화산 같은 그대
아직도 강은 한참 젊다
돌아보면 끄떡없이
유유하고 도도하고
머얼리 외로운 섬까지 손에 잡을 듯
끊임없이 계속 흐르고 있어

그 물줄기 속
같이 휘감기고 싶은
나의 강

여행

무조건
길을 떠난다는 데에
목적을 두라
어디에면 어떻고
누구이면 어떠랴
어차피 인생이란
여행인 것을

시간도
목적도
없어도 좋다
가다가 뉘 만나면
한번 친하여 보고
길동무 하다
가다가 또 다리 아프면
더러 쉬어가면
되는 것이지

사람들이
웬 말들 웬 탓들만
그리 하는지

여행이란 '여(旅)'자부터
새삼 일깨워 볼
생각이다

장미

불타다 타다
너무 가슴 뜨거워
속살로 깊이 들어와 박힌
가시 하나

한 잎 빠알갛게 응어리진
네 영혼
네 지조

바람처럼 파도처럼
일상에 매달려 와서
"좋아해요!"
"사랑해요!"
죽기 살기 어언 반 평생

넝쿨로 뻗고 뻗다
꽃으로 가시로 자꾸만
그대를 찔러대봐도

어머머
무너지는 건 언제나

연약한 여자
어느 사이 다 시들어 버린
예, 한 송이 장미

거짓말처럼
정말

반지

내 어릴 때
소꿉놀이적
클로버 네 잎
풀꽃반지

내 인생
손가락 마디마디에
아직도 새파랗게
살아 있어서
넉넉히
나를 유년의 시절로
이끌고 가네

세월이 흐르고 흘러
그 반지도 닳아
실반지로 변하였지만
지금도
그 풀꽃냄새 사랑냄새는
짙게 배어 있어서
진실로 내 삶을
애틋케 하네

요요요
아름다운
이 젊은 날
추억
마침표 없는
기인

어느새
누우런 황금빛깔의
실반지 속엔
내 어릴 적 그 모습
아직도 살아
살아 뛰어 나오네

봄 산을 오르며

봄 산을 오르면
가벼워 좋다

풋풋이 생명찬 숲에
쏟아지는 향내음들
누눅하게 살진 바람
더없이 좋다

저 아래 희뿌연
세상
네모진 삶들랑
다 털어버리고

오직
수도승의 비운 마음으로
오르는 봄산
무에 부러운가
천하에 아무것 하나
가진 것 없다 해도
모두가 내 것인데

여보게
언제나 봄 산은
마음을 비우라 한다
그 가난함이 그렇게
좋다 하더라

공(空)

마른 잔디 위로
낙엽만 날아 와
내려 박히는
비인 하늘에
찬비만 서럽도록
퍼부으며 지나간다

쓰리고 아픈 것
갖지 않으면
편할 것을
그대로 손에 잡은 것
놓으면 그만인 것을

탐욕, 소유, 열망
지고지순(至高至純)한 뭐 그런 것
코웃음 칠 것들
실날 같은 것들은 머얼리
띄워 버리자

손을 펴 보면
아무것도 없어라
다만

내게 아무것도 없다는
그 비인[空] 하늘만
언제까지고 길이
내게 있어라

나를 찾아서

1

오늘에서
하루만 빼도
젊은 나

젊은 날
'나는 이렇게 살았다'를
느끼고 싶어
시를 읊는다

그러나 번번이
썼다가 지우고
썼다가 지우고
온종일 원고지 한 장도
못 메우던
가난한 나의 일상(日常)들

씨줄로 나리고
날줄로 얽어매고
하루하루가 부끄럽게 저쪽으로
손 흔들며 간다

2

문득 눈을 들면
너무 많이 가버린
나의 인생
앙상한 노목(老木)에 잔 가지만
무성히

빈 바람 윙윙대고
오늘은 어제보다
죽음 한 치 가까와도
아직은
오늘에 오늘이 서 있겠다
부지런히
못다 쓴 시 한 줄로
내가 온전히
나로 서게 해주오

그날을 위해

아들아 딸아
이제 우리 일어나 나아가자
공부도 사랑도
이데올로기도 다 좋다마는
무엇보다 우선은 '국방'
그 굳건한 토대를 위해
나아가 거름이 되자
갈고 닦고
죽고 살며 사랑하며 썩어지며
그 속에서 세계화 · 선진화의
깃발이 되자

내 그대들에게 하고 싶은 말은
이 땅에 흰 백성으로 태어나
꼭 해야 할 사명
자손만대에 길이
삼천리 금수강산 잘 보전하라고
평화통일 성업 부디 앞당기라고
마침내 우리 죽어 저 세상에 가더라도
이것만은 꼭 이루어야 할 과제

"나는 내 나라 대한민국 사랑했노라!"

제2시집

젖은 날의 日記

(1998. 5. 10 문예사조)

찻잔 앞에서

빈 가슴
채우질 못해
가만히 바라보는 너의 눈

몸과 영혼 불태워
흑진주에 담아
깜깜한 밤하늘에 별로 뿌릴까

티끌 없는 한마음
늘 헐벗고 비에 젖어

내 빈 찻잔의 공허
채우질 못해
가만히 매만지는 침묵의 손

기다림

비가 오는
수요일은
빨간 장미를
안겨 주세요

시름겨운
가슴
꽃이 되어
활짝 피어나요

비가 오는
주말엔
아이리스 한 아름
안겨 주세요

누군가
말없이 문득 찾아오는
날을

젖은 날의 日記

녹단풍 나뭇잎을 치는 빗줄기가
굵은 눈물방울로 온몸을 씻는다는
한 중년 사내의 떨리는 목소리가
전화선을 타고 들려오고

모딜리아니의 긴 목을 한 여자는
수십 년 내내 젊은 사내로부터
입맞춤을 당하던 당혹감에 겹쳐서
빗줄기에 젖고 있다

한 중년 사내와 젊은 사내가
단골처럼 이 일기에 드나든다
비를 맞으며
그러다 여자의 몸에
다시 녹단풍 잎으로 돋아서
빗줄기와 함께 반란을 일으키면

한 여자는 홀연 어디론지 사라지고
녹단풍만 남아 빗줄기에 젖고 있다
끝없는 갈증의 나이를
또 다시 거세게 역으로
되올라야 하는 듯

만월(滿月)

어쩌면 좋아
너를 향하여
차오르는,

끌리어 간다
자석의 흡입
쏟아 부으며

혼자만의 배란
바람에 실려
산을 태우고
내 혼을 태우고

은밀히 배불러 오는
동천(冬天)의 달

가을은 2

가을은 은행잎 쌓인 거리를
걷기 좋아하는 여자의 것
세월이 가도 은행잎 거리를 걷고 싶어하는
마음은, 죽어가는 모든 생명을
사랑하고 싶어서야

가을은 강줄기를 따라 부는
바람이더라
세월이 가도 산소와 수소는 물을 만들 듯,
오대산에서 시작해
한강으로 흘러내리는
물줄기 따라 바람도 흔적없이
불고 불 듯이

아니다 가을은 고독을 사랑하는
남자의 것이야
고독을 사랑하는 남자를 사랑하는
여자의 것이기도 한
여자의 생일날
황금처럼 변하지 않는
그런 가을을 사주는…….

연가 4

— 시에게

가슴에 이는 파문을
잠재울 수 없습니다
밀려오는 해일을
막을 수 없습니다
님이여
곁에 있어도 보고 싶은 님
당신으로 하여
하늘은 또다시 불타고
불꽃은 산화되어 폭발합니다
큰 두려움을 작은 두근거림으로
잠재워 주시고
시름처럼 천천히
앓게 해주오
비어 있는 가슴
사랑을 채워 주시고
열려 있는 문으로
따뜻한 손잡게 해주오.

종각역 3

아스팔트 길 위
단풍잎
바람에 구울러 몸 포개며
사랑놀이 한다
저마다 웅성거리며,
나뭇잎이 흔들리고
빌딩이 흔들린다

꽃잎 같은 낙엽
천지에 가득 찬 충만을
누구에게 알릴까
스치는 연인들만 고와 보이고
발밑에 채이는 건
울부짖는 진홍 갈잎
서성이다 서성이다 떠나는
역

몽유(夢遊)

달빛이 시퍼렇게 쏟아지는 겨울밤, 한 영혼이 깨어 달려 나간다. 고요한 강 언덕을 올라보니 강물은 잔잔하고, 숲이 있는 산 속을 헤매어도 푸른 산죽(山竹)만 흔들린다. 이제 작은 발길질은 통하지 않는다. 문을 쾅쾅 두드려도 무감각이다. 을씨년스런 회오리바람뿐인 채.

눈발이 번득이는 벌판을 지나 깊은 숲에 들면 대숲과 산짐승들의 처절한 울음을 만난다. 더하여 차가운 이성의 옷을 벗어 던진다. 실오라기 하나 걸치지 않는다. 의식 속의 무의식, 무의식 속의 의식 ─ 발길질은 더 거세진다. 망치로 문을 부수고, 들어와 무감각의 타성과 유감각의 이성이 접한다. 무감각의 타성을 벗긴다. 방탄복은 죽어도 입지 않는다.

바람을 가르고 한 영혼이 달리는 소리, 폭풍의 언덕이다! '히스클리프!' 너는 광적인 영혼, 부딪치는 천둥 번개─

여명의 문을 뚫고 되돌아오는 팔딱이는 숨소리, 벗는 즐거움, 다시 입는 괴로움, 그러나 몽유의 밤은 다시 옷을 입는다.

산짐승마냥 긴 동면을 하고 어쩔 수 없이 또 한 번의 봄을 기다려야 하기 때문이리라.

꿈

청산은 그 자리에
그대로 앉아
갈 봄 여름 없이 피고 지는
꽃잎을 바라보고

강물은
그 세월을 가로지르며
폭포로 떨어져
하염없이
수직 하강 하니

바람에 날리는 꽃씨들이여
그대는
계속되는 삶의 노래들인가

꽃이 지는 이 아침에
나는 그저
빈 찻잔 들고
유한(有限)의 세월을 바라볼 뿐이러니…….

거금도 1

끝내 거부하던 바람이
하나의 사랑만을 보듬어
우뚝 솟았나

목말라 그리운
물결 앞세워
평생을 몸 섞으며 뒤척여 온
너

달언덕 별무리
내항(內港) 마스트에 흔들리는 불빛은
떠나는 사람들의 가슴에
추억이 되고, 낭만이 되고

이제 이 외로운 섬에
문인(文人)의 나라가 열리고 있다
바닷새들이 꾸욱꾸욱
시를 읊으며

저 하늘 가득 꿈으로 날고 있다
푸른 바다도 넘실거리며
시를 외우고 있다

빗속에서

기억하는가 그대
그 날의 비를

젊은 날 그 사람은
야심 하나로 실용주의의
세계로 떠나 버렸고
한 여인 어지러운 세월 속에서
시가 없는 길을 걷고 있었다

그 날 너는 비옷을 입고
함빡 젖고 있었지

몇십 년을 보낸 후
밖의 세계로 잠적한 그를 잊었을 때
그 사람의 편지가 날아와 말한다

'그때는 그때는 불확실한
미래를 붙들고 울며 떠났다'고
'사랑의 고백도 결혼의 약속도
할 수 없었다'고

아— 그랬었구나
남자는 야망이 먼저였었구나

사랑 하나에 목매단다는 여자와는
또 다른 세계
늘 어긋나고 비껴가는 사랑

흔적 1
— 만추(晩秋)에게

가을비가 추적이며 지나가고, 레인코트자락 사이로 추억이 한 차례 열병을 앓더니, 어떤 오한이 남아 젖은 낙엽더미에서 호이호이 울고 있다. 길가에 노오란 은행잎이 흩날려 시커먼 거리를 덮고, 황금빛 양탄자 위를 훑다가 겨울 끝자락에서 앙상하게 모로 가는 내 몰골을 훔쳐본다. 「보들레르」를 좋아하던 여인이여! 네 어이 차가운 껍질만 소유하다가 서로에게 배어들어 어울리지 못하는 불협화음을 안고 가느냐, 그대 어느새 사랑하는 일에 지쳤단 말인가. 사위엔 어둡고 음울한 고독이 낙엽되어 내리는데 분만하는 여자의 진통을 더해주는 시간, 슬픈 짐승의 허한 울음만 기일게 남기는 이 가을…….

흔적 2

— 해

사랑의 해가 지네
내일도 떠오르지 못하는

핏빛 강물 연민의 꼬리로 흘러
무엇으로 식힐까
밤의 아득함이여

땅거미 끝내 와서
이 잔영마저 지우려나

나는 빛을 잃은
죽은 해이런가

눈 꽃 1

밤새 내려준 은총인가
흰 면사 휘덮고
영혼으로 선 눈꽃 신부(新婦)

생명을 속으로 보듬고
침묵으로 기대앉은
수묵화의 흰 여백이어라

순결의 차디찬 결정체
첫사랑, 그리움의
은빛 날개

너를 안고 품으면
자취도 없이 사라지는
사랑이여

눈 꽃 2

겨울 나무에
물을 준다

겨울 사랑의
축제를 연다

물은 수평으로 흐를 수만은 없어
어느 강변에서 만날 수 있지

겹겹이 접힌 사연
꽃눈을 틔워
흰 면사 눈부셔라

본래의 작은 가슴으로
뜨겁게 열망하고
반짝이는 우리들 머리칼 사이로
겨울은 불타고 있었다

차를 마시며

별이 찻잔 위에 내리다
사랑이 뜨거운 물에 침전한다
티백(teabag)을 꺼낸다
달이 찬다

은은한 향
그 꽃술에 불을 밝힌다

눈 감으면
멀리서 아득히 들려오는
수액의 노래들

다갈색 찻잔 속에
작은 태풍
나의 추억
나의 반란

겨울 여행

설화가 만발한
강원도 첩첩 산골
백운 계곡을 끼고 도는
S자 개미 허리

내려다보면
천길 낭떠러지
얼음 겨울길
팽그르르 저승길

첫사랑 입술 포개는
콩콩 뛰는 가슴으로
흰 눈 싸안으면
여기가 천국일까

어디로 가는건지 몰라라
살다가 이런
자지러지는 스릴
가끔은 만났으면 하는 생각…….

그림자

가슴 속 무언지 모르는
한덩이 구름
시도 때도 없이
뒤척인다

손 내밀어 잡을라치면
세월 건너뛰어
어긴 약속
그리움도 서툴러
달아나 버리고

지피는 불꽃
기억으로만 살아나는가
죽엽청주 몇 잔에 취해
쓰러지니
세상은 벌써 노을빛
너와 나
이슬 맺힌 풀잎
일어서지 못하는데

명치 끝에 매달린
한덩이 구름
끝없이 뒤척이며 나를 본다

이제 이 외로운 섬에
문인(文人)의 나라가 열리고 있다
바닷새들이 꾸욱꾸욱
시를 읊으며

제3시집

꿈꾸는 밀어

(2000. 9. 30 문학과 의식)

▼

■

•

그리움은 먼 곳에

그대 눈 감고
꿈같다 하셨나요

그리움은
먼 곳에 있을 때
아름다움으로 승화되는 것
밤하늘의 유성처럼
빛으로 흘러가지요

이 밤도
이슬은 별이 되어
오롯이 무리별이 되어
먼나라 별똥별이
그대 집
뒤안으로
떨어지고 있습니다.

그대 어떤 모습으로

그대 어떤 모습으로
오시렵니까
감당 못할 폭우로
천둥 번개 몰고
가슴 쿵쿵치며 오시렵니까

그대의 눈
석양 고운 날
물안개로
내 가슴에 구름장을 피올리면

온기 따스한
구들목
그대 목소리
사랑의 단비 되어
온몸 비로 젖어옵니다

불꽃장미

잊었는가 그대여
너는 붉은 장미 꽃송이
절정을 치달리는
불의 꽃술

너는
불꽃으로 치솟는
기(氣)의 심지

연옥의 강
같이 넘자던
불꽃의 약속 잊었는가

휘청거리던 지난날의
그 불빛
장미 꽃잎
오늘 물위에 곱네

강물은
끝나는 삼각지에
종지부를 찍고
물새들의 실루엣만

바다로 흐른다

그대여 잊었는가
불꽃장미 입술을

꽃 2

그대의 미소를 만나
새롭게 하루를 산다
날마다 사랑의 유서를 쓰며
죽을 힘 다해 정성을 펴 올리고
온갖 색채 향기로 전신을 드러내다가
속절없이 쓰러지는
아름다운 고통
목가시에 찔려 따끔거려도
아픈 만큼 더 정들어

그대의 미소를 만나
날마다 새롭게 태어난다
항상 꼭 쥘 수 있는
뜨거운 핏줄 불끈 솟아있는 손
심장과 눈망울에 고여 있는 샘물
네 곁에 호수로 남아
서리 같은 고요로
맑은 햇살을 씻어
꽃마음으로 살고 싶다.

꿈꾸는 밀어

붉은 사과
녹즙에 섞이고 싶어
죽음과 입 맞춘다
단칼에 중심이 열리고
흰 속살에 박혀 있던
씨방 속 까만 씨앗들이 단꿈을 깬다

성숙의 열매가 영글어 온
밀어의 기억들을 그는 알고 있다
폭우가 휘몰아 치고
사십도의 햇살이 잎을 태워
수많은 손길을 거쳐온 자욱들

숨가쁘게 살아온 세월
너의 존재는 무(無)다
죽음으로 완성될 뿐
우리는 죽어가는 시간 안에 있다
죽어갈 시간 속에서 산다

지치도록 꿈을 꾼 건 무심(無心)이야
차갑게 메스를 든 폭력자 앞에
단죄(斷罪)를 기다리는 붉은 사과

촛불

사랑하는 사람이 그립거든
촛불 켜두고
눈물 흘려 보아라

어둠 밝히며 떠올리는
님 향한 마음
함께 나누었던 소중한 시간들,
고요히 눈감고 두손 모두어
고백으로 용해된 눈물 보아라

바람막이 없이
내 안에 와 춤추다
어떻게 될지 모르는 운명

사랑하는 사람이 그립거든
고요히 눈감고 무릎 조아려
거룩한 사랑의 빛을 보아라
너와 내가 비칠 수 있는 빛
그 빛 다 질 때까지
내 안에 와 박힌 심지
다 타버릴 때까지

가을

수은빛 가을을 엮어
그대에게 드릴께요
빨간 단풍 어깨 위로 지고
사랑의 시
시나브로 흩날리네요

노란 은행잎 떨어져
양탄자로 깔린 거리
소월(素月)이여
이젠 감미로운 갈잎의 노래
불러주세요

가슴에 궁글리어 오는
빈 수레바퀴 소리
바랑 메고 먼 길 떠나고픈
이 좋은 가을 날
그대에게 드릴께요

선창가 소묘(素描)

분지의 여자는 늘 바다가 애인이었다 비릿한 갯바람에 날아와 갯냄새에 취해 어느 항구에 가서도 쉽게 안기는 바다의 이방인이다 멀리 광기어린 눈으로 파도를 보고 밤부두 선창가 객주집에서 손님보다 먼저 취해 흔들리는 여주인의 넋두리를 듣는다 족두리시절 저 악마의 바다가 내 서방을 잡아갔대요 촉수 낮은 불빛 속에서 주거니 받거니 술잔을 놓고 튕겨져 나와 상념의 어지럼증을 방파제 끝에 부려놓은 여자 그는 늘 혼자였고 폭풍을 만나고 싶어하는 폭풍같은 눈물을 목놓아 쏟고 싶어하는 여자였다 살아있다는 건 눈물빛이다

등대불빛의 파장이 저 멀리 깜깜한 그리움의 끝으로 달리고 써치라이트 불빛에 파리한 연민의 정이 번진다 방파제에서 서로를 껴안고 뒹구는 연인들을 보며 삶의 전율을 느낀다. 나에게도 저리 미치도록 떨리는 희열이 있었던가 파도, 가슴을 치며 떠나가도 이내 되돌아오는 사랑, 분지의 여자는 늘 바다가 애인이었다.

산

산은 말없이
기다리라 합니다
우뢰의 떨림이
폭우로 내리쳐도
기다리라고만 합니다

먹구름 속에
설핏 비쳐지는
그리움의 얼굴도
깨끗한 자연의 물감으로
풀어내라 합니다

나뭇잎 화석에
동맥피 돌아
이 세상 소중함이
다시 눈을 뜨고
서로 아파해도
산은 말없이
기다리라 합니다.

가시에 감기는 꽃잎

낙화는 무엇인가
이별은 무엇인가
여기서 너나 나나
떠나려나 보다
낙화는 이별의 부표가 되고,

온산을 흔들며
너를 피웠었지
하루에도 수천 번 너를 부르고
너외엔 아무것도 볼 수 없었어
가시에 감기는 꽃잎들
한 잎 한 잎 무너져 내릴 때에야
비로소 나는 알았지

이별은
이별로부터 시작되는
가장 아름다운 사랑의 흔적
기쁨이었으므로
결코 지워지지 않는
추억이던가 기억
오랜 꽃향기로 남아 있네

밤바다 갈매기

태초의 하늘과 바다
우리는 한 몸이었나
물이고 바람이었을 때
서로 몸 부비고 입 맞추어
남몰래
단죄(斷罪)를 저질렀으니
깜깜한 저 그리움의 끝에서
하늘은 울부짖고
바다는 새하얀 불꽃의 파도를 쳐올려
서로가 빛을 찾아 나오는 포효(咆哮)
푸른 심장 속 살아
뛰는 생명이여

내 허황된 날을
파도가 깨버렸네
파도는
파도끼리 울부짖고
밤바다 갈매기는
면회 시간이 끝난 죄수처럼
장막 속으로 사라져갔다.

지금은

그대를 만나러 가는 길은
언제나
붉은 칸나꽃술입니다

구름이 먼저 알고
달려가서는
풀잎에 몸 부비고
들녘은 온통
환희의 칸타타입니다

뒤돌아 서면
보이는 건
별하나 없는 하늘입니다

다시
그리움 만큼 술에 취하면
하늘에서 비가 내리고

지금은
그대를 알 수 없어도
빗속에서 그저 황홀함뿐입니다

단풍

당신을
꿈꾸는 것이
얼마나 얕은 생각인가
내가 부를 이름도 없이
무채색인 나에게
찬란함으로 다가오는
새 생명의 소리

참을성 있게 기다리다가
등에 떠밀려
그 한자리 잃어버리면
새로운 당신을 꿈꾼다는 것이
얼마나 얕은 생각인가

다시 깨어날 수 없는
사랑일지라도
완벽하게 타오르는 절정
너를 바라보면
내 등골 깊숙이 저며오는
환희의 노래

호수가에서

당신은 달처럼
나는 별처럼
인력(引力)으로 당기는 마력

갈매빛 하늘에
야행성 밤길로 와서
가슴에 동그라미 하나 남겨놓고
화들짝 도망을 갑니다

멀리 있어
더욱 환히 비춰주는
휘영청 사랑의 빛

내 영혼 충전시키는
청정빛 노래
지나가는 얼굴로
멀어진다 해도

내일 다시 오실
두둥실 그대 있어
발길을 돌립니다

호수

깊은 밤
푸른 소나무 가지에
걸려 있는 달
“당신을 사랑해요” 말했을 때
솔가지 하나
가볍게 흔들린다

푸른 밤
깊은 허공에 맺혀있는
수많은 별들
“내 너를 사랑해” 들릴 때면
우루루 별섬 무더기로
뿌려진다

호수는 불기둥 안고
달은 솔가지 마주 하고
빠져든 별무리
마음껏 소유하고 사랑할 때
그림처럼 뒤엉키는
황홀한 희열의 고백

이별

꽃 필 때와
꽃 질 때
그 사이에
이별이 있었다

목련꽃이 떨어져
만든 신록
흐느끼는 소리가 들린다
새 잎 돋는 소리

계곡의
물소리가,

봄이 머물고 있는
시간에도
몇 차례의 이별은
내 산자락을
찾아 왔다가 간다

등을 돌릴 때를 아는
의미의 발걸음은
그래서 우아하다

다향(茶香)

새벽이 열리기 전
가슴 씻고
작설차 끓이면

안개 자욱한 대숲의
적요(寂搖)
솔바람 소리

나는
어느새
대숲을 지나
강 안의 모래 밭에
선다

좋은 아침
좋은 하루
다향(茶香)이 넘치게 하소서

밤의 실루엣

한밤중에
깨는
나의 영혼

어둠이 내리면
음영 속으로 처박히는
행글라이더
방황의 깃발 나부낀다

바늘같은 사랑
고뇌의 편린들
산다는 건 고해야
내 안에 들어와 가슴 두드려주며
큰손으로 나를 잠재우시는
보해사 그 영의 그림자

보름달과 눈동자

안개꽃 아지랑이 너머
미풍으로 다가오는
환한 얼굴
물방울 같은 눈동자
바라보고 바라보다가
꽃송이 향에 취해,
바라는 것 없이
챙길 것도 없이
내 모든 것 다 주어도 아까울 것 없는
세상 하나 뿐인 그대

내 너를 탐하여
목마른 불꽃
이제야 꽃 피울까나
내 가진 먹물로
그 사랑 다 그릴 수 없고
내 가진 연필로도
그 사랑 다 적을 수 없고
그대 눈 빛 호수 위로 넘쳐
열두 가슴 열어도
다 껴안을 수 없네

내일 당신을 볼 수 없어함은

내일 당신을 볼 수 없어함은 오늘 최선을 다해온 젊은 나를 심어주고 싶음이며 지금까지 꾸며 놓은 내 무대에 그대를 세워두고 폭발 직전의 열정과 아름다움을 퍼부어 현재의 사랑을 위해 화산으로 터져 열연하는 배우, 짧은 순간에 무대의 막은 내린다 장미 꽃잎은 언제까지 피어날 수 있을까 그대와의 사랑이 내일을 기약할 수 없다함은 항상 불꽃 장미의 모습으로 그대 가슴에 남고 싶은 아름다웠던 여인으로만 기억되고 싶다 아 내일이 또 오늘이 되면 어찌하나 사랑이 둘이 하나되는 오늘만 살고 싶다.

제4시집

가까운 사람아, 먼 사람아

(2001. 12. 30 天山)

▼

■

●

녹즙을 갈다가

어떤 이의 정숙한 조강지처가 되다가
마지막 연인이 되다가
가슴 뛰는 사랑 한번하고 싶다가
이름 없는 풀꽃 들판에서
민들레홀씨로 노래하고 춤추다가
바위 등 같은 그대 마음
새롭게 움직이고 싶다가
먹물 갈아 진한 생명의 획을 긋다가
유화에 덧칠 한번 해보다가
방망이 한번 꾸욱 눌러 한숨 돌리다가
한 움큼 생각 또 집어넣고 갈다가
왕성한 역동의 소용돌이
빨치산 기동 타격대에 詩가 걸려
낮은대로 은밀히 시가 왔다가
詩만 생각하면 시가 써지다가
어젯밤 메시지가 생각났다가
이 세상 온통 우리들 사랑의 속삭임
행복을 다지며 가꾸어가다가
앞으로 알뜰한 일들만 생길 것 같다가
한 여름 분수를 생각하다가
짧은 봄처럼 지리산 골짜기로 떠나가는가.

목련

절정인 채
그대로 멈추어 있어라

부풀은 꽃대궁에
옷고름 풀리면
한 순간에 무너져

두 번
슬퍼서 운다
백옥젖망울 맺힐 때의 아름다움
추락의 허무한 네 모습

꽃부터 피워내는
이차돈의 하얀피

꽃잎만한 잎을 다시 달고
푸르게 태어날 때
생명의 탄성
투명한 잎에 세상 비추어

절정
그대로 멈추어 있어라

편지

자정이 지난 창밖은 어둡게 찬비가 내리고 있습니다 슬픔 하나가 밤거리를 뛰쳐나가려 하고 있지만 당신은 그 찬 빗줄기를 잡아 길을 막아주십니다 내 어지러운 마음 물살로 흔들릴 때 고요히 잠재워주시고 조용히 당신 곁으로 나를 불러주십니다 이밤 당신 앞에 앉으면 당신은 지금까지 내 당신께 드린 온갖 투정과 사랑 꽃잎처럼 책갈피에 끼워 버리지 않았다가 가만가만히 펼쳐 깨우쳐주십니다

내 온갖 유혹과 사치와 욕망이 당신 앞에 앉으면 얼마나 부질없음인가 알게 되고 당신께 가까이 다가갈수록 새벽같이 내 영혼은 맑아집니다 찬비 내리는 이 밤에도 당신은 붉은 노을로 와서 마지막 불타는 모습 보여주시고 나홀로 가는 먼 길 따뜻하게 손잡아 같이 가자하십니다 가만히 눈감으면 당신의 환한 웃음 그 눈빛 그 감기지 않는 눈빛뿐입니다

진실로 진실로 별무덤까지 같이 가자던 당신의 말.

愛人

실핏줄 터질 듯한 분홍빛 얇은 꽃잎 떨어진다
담벼락 모퉁이 밑둥에서 무너진다
돌덩이에 흙을 덮고 잔디를 입혀 난초뿌리 내리나
흰뿌리의 영혼 얼기설기 얽혀 벌거벗고 춤만 춘다
아니 사랑할 수 없는 당신,
부딪히는 세상에서 시인은 시를 쓸 수 없다
순간의 선택 잘못으로 긴탁류에 휩쓸려 떠내려간다
발바닥이 부르트도록 헤매고, 두 눈은 퉁퉁 부어있다
사슴눈은 초점을 잃고 빛을 잃는다
그러나 아직도 내가 사랑하는 것은, 고무풍선 신나게 불고
그 풍선에 꿈을 매달아 날리면,
그 꿈이 부드럽게 내 볼에 와 비비어 주기를 바라는데—
날마다 비에 젖어 한 발 뒤로 물러서서 산다
시달린 영혼 쌓아놓은 것 없이 무너질 것도 없는데
어질머리 벌써와 어쩔 것인가.

질량의 법칙

남의 눈 겁낼 것 없는
사랑이라 했다
그런데도 늘 묘수가 필요한
사랑놀이
남자 1백 50에 여자 1백이면
정상이라는 질량 지수
헤어질 때는 넘쳐나는 분량이다가
눈에서 멀어지면
남자 80에 여자 1백 50이 된다
절제에 미숙한 여자는 늘 지치고 힘들다
다 받아주다가는 감당 못할 것 같아
속 감추고 의연하게 이끌어가는
사랑의 분량 조절이라는 애인의 말
속보이는 핑계일까
다시 샘솟을 사랑을 위해서일까
밀고 당기는 묘수는
바둑에만 있는 것이 아니다
그래도 보석 같은 사랑의 실존

봄의 반란

— 2000년

섬나라
화산은 폭발해
용암과 화산재를 쏟아내고
반도의 산불은
가난한 산간마을 덮치고
구제역 소들이 도살되어 묻힌다
중국 황사가 돌개바람 친다

산성비는 내리는데
잠못드는 도시
잠못드는 짐승
잠못드는 사람들
캄캄한 거리로 내몰린다.

그대 내 곁에

노을녘 들판에 서서
당신 그림자
내 곁에 세워둔다

밤이면
잔잔한 내 호수에 와서
부엉이의 눈되어 별로 떠 있고,

푸른 나무 등걸에
꼿꼿이 앉아
아픈 가을의 심장을 진맥한다

한 밤중에
늘 내게 와서
가슴 가득 채워주는
별들의 꿈
천둥같은 걸음으로
또 하루를 함께하며
끝없이 나를 숨 쉬게 한다.

사랑은

오늘 네게 주는
사랑은 믿음
사슴눈으로 보는 전율

내일 네게 주는
사랑은 베풂음
목숨마저 주는 천사

다음날 네게 주는
사랑은 기다림
먼먼 수평선너머 돛단배

그 다음날 네게 주는
사랑은 노력
몇 천만리 종이학 띄우는 편지

지칠 때까지 보일 때까지
눈감고 노래 부르는
두견새 한 마리

그림자

빈가지에 몇 잎
어젯밤 집에 가지 못한 내 그림자
걸려있다

숨도 쉬지 못하고
피돌기도 할 수 없는
더 이상 엽록소 꿈은 꿀 수도 없는
겨울 그림자

핏빛울음 토하던 단풍잎들이
절정을 버리고
가볍게 손짓하며 떨어진다

짧은 유혹의 가을처럼
가장 아름다울 때
자신을 버리는 일

오늘은 내 그림자 대신
해결할 수 없는 일을
빈가지에
걸어두고 온다.

어떤 전화

이제 몇 년 밖에 남지 않았다고 한다
장작불이든 촛불이든
그냥 태우자고 한다
마지막 촛불이 꺼져갈 때
번쩍 솟구치는 불꽃
지뢰를 밟고 터지는
순간의 화력을 위해
차라리
눈이라도
감아 버릴까.

밀림(密林)

사랑하겠습니다
아무도 사랑한 적이 없는
원시(原始)의 당신을
마음껏 목추기며
음미해보고 싶습니다

햇빛이 쨰잉 내리쬘 때나
눈비 펑펑 쏟아질 때나
한없이 당신만을
사랑하겠습니다

당신은 그대로 가만히 서서
가끔씩만 내 생각하시겠지요
그럴 땐
먼 하늘 둥글게 내 눈을 그려봐요

사랑하겠습니다
당신이 내 생각 않는 그 순간도
당신을 좋아한 사람이
아무도 없었던 것처럼

너에게

떨어지는 천 년의 해
지평선 기울어
이제야 너 왔구나
허송 세월 혼미한 꿈속
몽유로 헤매다가
너와 맺은 인연 너무 짧아
남은 사랑아, 얼마큼 이룰 수 있으랴

밤마다 강가에 꿈안개로 누워
공허한 바람소리에 뒤척이다가
내일이면 불덩이 용광로처럼 솟아
새천년의 해가 뜨면
또다시 한세상 태어나고 싶다
네 곁에서 천 년의 세월이고 싶어,
사랑아, 너에게 무엇을 주리
맑고맑은 옹달샘물 퍼올려
깊은 산속 사랑쪼는 산새나 될까
사랑아, 너를 위해 무엇을 하리
섬광처럼 쏟아지는 별똥별되어
혼의 노래 사랑의 눈물 뿌리는
유성이나 될까
오, 남은 사랑 너무 짧아

언덕에 서서

아직은 마흔아홉을
석 3년 되뇌이다가
지천의 언덕 훌쩍 올라서니
어두운 뒷골목 무엇인가 찾아
그믐밤을 헤매돌던 방황
이제 그만 잠재우라 한다
부질없이 날아가던
나비의 슬픈 몸짓도 접어라 한다
누구라도 만나 악수도 하고
느긋이 그 앞에서 하품도 하고
누구에게나 고향이 되어주고
누릇누릇 익어가는 보리밭에 누워
한참을 쉬어가라 한다
나이만큼 늙어가면
편안한 사람들 자주 만나
못다한 이세상 정 다 주고 가라 한다

정박

그림자없는
태고의 빙하, 흰빛 寂廖
멀리 떠나본 적 없는 폐선
밀물에 파문진다
낮게 갈아앉은 黙視
모여드는 겨울색채의 詩語
물안개로 벗겨진다
눈시린 청정빛노래

빈좌대에 얼음쪼는 까치의
움츠린 이마
오래된 형벌의 시간 떠난다
난다, 날아간다, 아득한 숲으로
먼산등성이 하늘로 가는
잡목숲길
우뚝 대칭으로 선 나무끝
나의 둥지로,

겨울 雅歌

하얀나래
은꽃잎 내리는 날엔
한 30년 전 옛날 그 감정
냉동되었다 되살아난다

하늘끝에서 나풀거리며 오는
하얀순정
너의 끝없이 하얀 그 마음
깊이 소유하지 못해

시린 눈꽃 흩날리는 날엔
형식의 뜰로부터
어디로든 떠나고 싶다
흰빛 그대의 나래를 타고

제5시집

산 하나 품고

(2003. 9.20 시문학사)

살아가는 동안

살아가는 동안
크고 작은 만남
풀잎으로 스쳐 지나가는 바람
천둥으로 맺는 영원한 동반
소낙비로 적셔 반짝 빛나지만
바람따라 강물따라 흘러 사라지듯
세월 갈수록 희미해진다

살아가는 동안에
작고 크게 와 닿는 사랑
조용히 서 있는 나무로
언제나 그 자리에 산같이 누워
주는 만큼 받는 만큼 껴안는 사랑
장미꽃잎에 떨어지는 빗방울의 첫울림
꽃진 자리는 또 다른 사랑만이
채울 수 있다

이 세상 살아가는 동안
크고 작은 이별
겨울 들판에 흩어지는 눈발
사라져 보이지 않는 그 누구 때문에

시리도록 차갑게 흐느끼나
영원히 살 것처럼 말하지만
뒷모습도 보지 못한다.

연인

눈앞에 보이는 너는
비온 뒤 활짝 핀 여름장미
꽃잎 한 장 들추어
바람으로 입맞춘다
기다림이나 그리움은
없어도 좋다

눈앞에 보이지 않는 너는
비온 뒤 사라진 안개
안타깝게 너의 허리 껴안아도
시한부로 우수수 떨어지는 가을 꽃잎
고독해도 좋다

너는
너무 가까이 있어도
멀리 있어도
달아나 버리는 도망자
눈앞에만 있어다오.

사랑 1

나를 가만두질 않는다
나사가 빠져 게으르고 나태해지면
나를 죽이려고 든다
사정없이 두들기고 강물 속으로 집어던지려 한다
죽이는 것은 사랑의 방관자가 아니다
펄펄 끓는 쇳물로 졸이고 졸여 담금질 한다
시시한 사람으로 내버려두질 않는다
완전무결, 여기저기 우뚝 서게 한다
몇 갈래 마음이 소용돌이칠 때
안정제로 가라앉게 해준다
길을 찾아 해답을 주며
나를 진정 삶으로 승화시켜 준다
시간을 같이 하는
사랑이여
죽을 때까지 넘어가는 불의 해처럼
나를 동행케 해다오.

사랑 2

흐르지 않는
겨울강가에서
언제나 약속처럼 너를 기다린다
지난날
수풀 헤치고 바람 토닥이며
걸어오던
'살고 죽고' 사랑 한번 해보자던 말도
어느덧 잎 지고 강물 얼어
이제 나를 울리지 않고
상처 주지도 않는다
갈대에 살 베이며 헤매던 열정도
밤새워 쓰던 애증의 편지도
두껍게 얼어버린 강물 속
차고 슬프게 흰눈만 덮인다
사랑도 이젠 추억이 되려는가
모든 것이 떠나는 걸 시린 눈으로
쳐다볼 뿐이다
혼자 가는 길에서
그래도 약속처럼 너를 기다리며
사랑, 마음속에 조용히 담아두는 일이다

사랑만을 위해

오직 그대만을
사랑했다
안개 숲길로 들어가
점점 더 깊게 빠져
도토리 껍질 속에 갇혀
탱탱한 알로 떨어질 때까지
나무 등걸이 앞을 막고
억새풀에 살을 베여도
뒤도 돌아보지 않는다
다른 숲길은 찾아보지도 않았다
바이칼 호수에서
뚫린 밤하늘을 보았다
주먹만한 별들이
호수 속 깊이 쏟아져 내리고
산호빛 물고기들이
별과 노닐다가

오, 오직 그대만을 위해
사랑했다.

적막

겨울 산그림자
북한강에 잠들고
내 삶도 산그림자에 같이 누인다
해는 서산머리에 졸고
물오리 그림되어 떠 있는데
잎 떨어진 겨울나무
잔가지만 무성하고
사위(四圍)는 황량한 침묵으로
되돌아설 줄 모른다.

벚꽃길

눈 감았다
떠보니
세상은 환하네요
달빛 받은 나뭇가지에
꽃들이 환상의 아름다움 만들어 주더니
땅위를 덮네요
떠나는 사람
봄눈처럼
추억 밖으로 사라집니다
사랑도 인생도
봄밤처럼 왔다가 가요
화사한 꽃들은
땅위를 덮어
가시는 님
발걸음도
아름답네요.

단풍

너를 끌어안고
불 속으로 뛰어든다
한숨 같은 하얀 바위도
불화살로 물들이고
겹겹이 진을 치고 달려드는
백만대군

산하(山下)로 내려오는
시인의 발자국 소리
선명하게 차올라
계곡물 헤집고 흐르다가
벼랑으로 떨어질까
다해가는 생명의 아름다운 절규

내 곁에 서 있기만 한다면

네가 한 송이 부용화로
내 곁에 서 있기만 한다면
볼연지 붉게 하늘하늘
꿈 피울 수만 있다면,
내 가진 것 모두
무지개 동산에 걸어두리

어느 개울의 흘러가는 조약돌로라도
서로 부딪쳐 함께 할 수 있다면
아픈 만큼 기쁜 물소리
멀리멀리 영혼으로 들으리

깊은 계곡에
칡넝쿨 속 들풀로라도 피어
내 곁에 있어주기만 한다면
바람으로 달빛으로 달려가
네 곁에 누우리
우리의 만남이
오래도록 살아 있기만 한다면.

가을 나무

숲속에서
그를 만났다
나뭇잎
그가 걸어간 방황의 끝,
희망의 길
절망의 길 따라다니다가
단풍든 그를 만났다
만나자마자
숨가쁘게 감전되어
온몸 부르르 불타들었다
늦가을 석양
언제 사랑을 했느냐
빨리도 놓아버리는
잎새의 끈
몸부림쳐도 힘없이 떨어져야 하는
나뭇잎새

세월

불혹의 나이에도
그를 애타게 기다린다
가슴에
별 하나 품고
환한 미소가 되고 싶었다
밤새워 쓴 긴 편지
촛불에 태우는 아픔이 있다
모든 것 다 포기하고 난 지금
붉은 입술
푸른 옥양목 같은
가을 하늘에
입맞춘다
연지가 묻어나는
세월

발렌타인

추억에 눈뜨면
약수 한 잔 마신다
당신 곁에 사랑이
불타고 있음이다
파도에 실려
느끼지 못하는
그리움의 무게
세월은
또 한 번 진실을 담고
우리를 취하게 한다
마지막 빛나는 말
발렌타인

새벽

생각없이 걷는다
운동장을 돈다
눈을 감고 걷다가 뛰기도 한다
새벽 하늘을 본다
둥근달이 샛별을 달고
어디론가 가고 있고
어젯밤 떨어진 별똥별이
나뭇가지에 걸려
온통 새벽은 푸른색이다
운동장 한 구석 그네 뒤에
어머니가 걸어가고 있다
뇌출혈로 돌아가신 어머니가
운동장을 걷고 계신다
살아서 뛰지 못했던
어머니 뒤를
내가 함께 걸어가고 있지만
그 거리는 좁혀지지 않는다

낙화암 2

한 세월 굽이돌아
저무는 백마강
천년의 역사 낙화암을 거닌다

고란초 오십년 수명
목숨으로 이어온 흥망성쇠
백제 의자왕 술청의
한(恨)과 영화가 풀잎에 맺혀
고란사 종각에 잠들어 있고
삼천 꽃송이 만추의 낙엽
적막강산 비처럼 새처럼
펄펄 흩날린다

낙화암 붉은 바위
꽃잎에 덮여
그 옛날 무상을 말해주고
나그네 티끌 한 점
빈 가지에 걸려
긴 여운 춥고 떨린다
치마 덮어쓰고 꽃잎으로 낙하한다

녹향에 취해

피톤치드
산림 녹향
코끝에 몰려오는
생명의 내음

첩첩 산
적막강산에
새소리도 없다

하늘 찌르는 전나무 숲길
싱그러운 바람 안겨와
온몸으로 숨쉬게 한다

수은등 통나무집 마을을 돌아
눈 쌓인 산길따라 호수에 오면
쏟아지는 별빛
이 밤은 행복하다

아— 고구려

몇 천년 세월 저쪽
잠시 눈감으면
이끼 덮인 산 능선 초원의 풀밭 사이로
날샌 기마병들이 질주한다
동강난 배반의 땅을 떠나
북방 여행을 떠난다
어릴 때 좋아했던 바보온달, 평강공주
광개토대왕, 장수왕이 말 달리던
광대한 평원
원시의 잃어버린 땅
요동벌 만주벌판을 찾는다
생생하고 절실한 혼들의
파아란 불길 역사 속으로 뛰어들어
화석이 된 말발굽 소리,
살아 숨쉬는 야성 고구려를 찾는다
가장 팽창한 국경을 이루고도
국토를 넓히는 대야망
솟구치는 역동의 힘,

요동의 평원을 달리며 그때의 숨결을 느낀다
역사 속에 숨어버린 고구려의 기(氣)를 찾아

자유를 찾아
잃어버린 원시의 땅을 찾으려
떠나고 싶다
떠나야지
민통선 굳은 철마를 넘어
황새의 날개 달고
요동벌 만주벌판을 날아야지

폭설(暴雪)

눈이 온다
사나흘 소리없이
몇 십 년만의 희열이다
남태령 고개 넘다
함박눈으로 갇힌다

흰 세상의 적막
속삭이는 눈바람의 밀어
겨울나무가
첫사랑의 환희로 옷을 벗는다
펑펑 쏟아지는 샘물
속살의 골마다 수액이 흐르고
가슴까지 차오르는 격랑
부둥켜 안고 숲을 이룬다

남루와 고난
하얗게 다 덮는
눈이 온다
몇 날 몇 밤을 소리도 없이
눈속에 빠져
침몰한다

성하(盛夏)의 터널

나뭇가지 하늘끝 흔들리고
터질 듯 부풀은 잎
따가운 햇살에 몸 부비며 춤춘다
계절은 또 한바퀴 돌아
성하의 가운데에 섰다

거리엔
출렁이는 가슴 파도치고
저 녹음 속 낮달같이 환한 얼굴
그대 넓은 잎 펄럭이며 손짓하는데
불타는 사랑이여
힘차게 달려가라

에메랄드빛 눈빛에 취해
숲속 터널에 갇힌 우리 사랑
숲이여 큰 소리로 외쳐라
성하여, 영원하라

비가(悲歌)

나 죽어 흰 연기로
피어나고 싶다
부재의 끝
뼛가루 되어 양지바른
산기슭에 뿌려지면
흙에 녹아 아무것도 볼 수 없어,
그대여
내 잠든 곳 표시나게
시비 하나 세워주오

부질없다
삶은 풀풀 나는 연기

마른 풀더미에 싸여
그리운 마음 시비로 서 있으면
죽어서도 어루만지는 떨리는 손
그대 오는 소리
혼자서도 외롭지 않다

별

어둠의 하늘
새벽별 하나 세상을 걸어나와
어디에 숨어버렸나
늦은밤 흔들리며 담모퉁이 돌아서서
하늘 바라보면
별이여
이 세상 너 말고 또 무엇을 찾으리

신비의 오지 풀섶에 떨어져
바람에 쓸리어 삐걱이며 돌아오는 길
깊은 밤 호수에 내려와
물고기들의 밥이 되다가
밤이슬 머금은 채송화 꽃잎에 떨어져
별빛 하나 심어주고
다시 빛을 발하여 천상에 오르면
달님은 허공에 샛별 하나 매어달고
새벽 언덕에 넘는다

비어서
그리운 사람
그리운 사람에게로 간다

둥근달이 샛별을 달고
어디론가 가고 있고
어젯밤 떨어진 별똥별이
나뭇가지에 걸려
온통 새벽은 푸른색이다

제6시집

사랑으로 가는 바람

(2006. 12. 1 밀레)

호반

너는,
너무 깊은 그리움이다
물결로 흔들리는 흰구름 몇 점
공중에 떠있는 새를 품고
산의 하반신까지 끌어안으며
쉴 새 없이 그리움을 솟아 올린다
호수 위를 나르는 새는
제 그림자 물속에 담고
가까이서 맴돌고 있지만
홀로 찾아온 나는
물끄러미 정지된
너의 모습 바라보다가
그리움의 근처만 서성거린다.

가을 편지 1

한 해를 매달려
가슴앓이 하던 그대
빠알갛게 물들어 가을을 탄다
휑한 보도 위 구겨진 낙엽같이
두서없는 편지를 쓴다
한 해에 한 번 이 가을에
못다 부른 노래
주고 싶었던 정, 빚진 모든 것들
봇물 터지듯
한 통에 쏟아 붓는다

누구도 그대가 되어
그대의 편지를 받아보라
지친 해거름의 침몰에
남루의 옷으로 서성이는 자신
그대 편지는 자신을 비추어 보는
맑고 깊은 옹달샘
거기엔 그대와 내가 보이고,
가을은 끝없는 편지를 쓴다
수채화 같은 사연을 담아
그대를 보내고 있다.

가을 편지 2

갈잎 단풍 이부자리 깔고 누워
한 해에 한 번 찾아와 주는
가을 편지를 읽는다

살아 있었던 흔적
나뭇가지에 대롱대롱 매달고
가슴 저미는 연분들
다 접어 두고
총총히 떠나려는 너
그래도 네가 와 주기를
얼마나 기다렸던가

마른 잎 하나
너를 받으려고 지난 여름은
그리도 어수선히 흔들렸던가
이 가을 빈 가슴 열고
촉촉이 너로 채운다

네가 와 주는 것만도
얼마나 고마운 일인가
해마다 이 맘때면 기다려지는

가을 편지
내 일생 접는 날까지
기다려지는 마지막 잎새의 사랑

사랑으로 가는 바람

운명처럼 사랑하는 일도
황혼이 오면
흔들리는 바람이다
마주보고 있어도 강(江) 하나 사이에 두고
일렁이는 잎새에 시린 가슴
왠지 무거워만 진다
다독여 주던 목소리 어디에서 찾을까
빛나는 햇빛 푸른 가지 끝을
싱그런 바람으로 떠돌면 가볍기만 하던 세상
가슴 일렁이던 사랑의 말들
허허로운 바람
말부터 아껴지네
목마름은 수렁에서 빠져 나올 줄 몰라라

어디까지 가는 걸까
사랑의 심연 닿을 수 없어
다시 한 번 길을 물어 찾아간다면
서성이지 말고 바람아 어디든 가라
빛나는 목소리 사랑만의 숨소리 듣기 위해

연꽃(蓮花)

더 이상 넓은 품이 없다
보이는 것도

꽃대로 솟아
오롯이 꽃피우는 우리 사랑

연실의 비밀
뿌리로 뻗는
생명의 빛

사랑은 이런 것인가
그 품 넉넉히 열어
감싸 안는 바람막이

일상 즐겁고 고요하니
이슬 머금고 잠에서 깨어난 백련
금방 네가 보고파

맑은 연잎 모아
소롯이 연꽃으로 피어
신의 마음으로 태어나라.

가을 엽서

바람 곁에 날아온
가을 엽서

님은
커다란 고목나무 가지를 펴고
그 그늘에 앉아
소꿉장난으로
세상 살라한다
아무것도 바라지 말고
그저
한 세상 살라한다

내 무거운 속됨을 벗어
가을 엽서 되라 한다

사랑, 그 강물

항시 가슴에선
봇물이 넘쳐 흘렀다

격랑의 파도
사랑을 아는 날부터
노도(怒濤)에 멀미를 앓아야 했다

흐르는 것이 어찌 강물뿐이랴
아픔도 슬픔도 그리움도
한숨과 함께 강으로
범람하곤 했다

그 범람을 거슬러 오르며
노도와 싸우고 있다

내 손엔
한 시대를 저어가는
삿대가 들려있다.

가을 숲길

눈뜨면 그대
그립다
사랑의 일,
사랑이란 진실로 아편같은 것

당신의 눈에는
늘 푸른 하늘이 있습니다
그 하늘 속을 노니는
감미로운 들바람이 있습니다
달빛이 춤을 추며 나오고
그저 눈 멀고 귀 멀어
황홀한 당신의 하늘을 맴돕니다

향기로운 마음의 오솔길을
그대에게 보냅니다
그 은은한 향 맡으며
푸르른 명상의 새를 날마다
마음껏 이 숲길에 날려 보내주오.

추억의 샘

지층 깊이 묻어 둔
초연(初戀)을 꺼내어
추억의 우물을 판다

몇 만 미터 가슴 속
깊이 묻혀 있는
추억의 은광(銀鑛)

세월은 흘러
하얗게 바래도
생생히 살아있는 추억

그대는 내게
한 자락 떨림으로 다가와

퍼내도 퍼내도 마르지 않는
황홀 안고
추억의 우물이 된다.

동해로 가는 이유

세상을 피하려고 가 아니다
나를 버리려고 가 아니다
미워서 잊고 있었던 사랑도
끄집어 내고
고와서 부르던 그 님도 떠올리는
한(恨)의 여인
파도에 몸 일으켜 세워
희망의 깃발 하나 꽂으러
동해로 간다
아니야 속삭여 주는
알몸의 바다가 좋아
동해로 간다
깃털 하나 달고 동해로 가는
여행은 시(詩)다
아찔하고 텅 빈
참으로 드넓은 바다가
나에게 안긴다
내가 동해로 가는 이유는
바다를 내 작은 가슴으로
껴안아 주기 위해서다.

바다

등대는
안개에 안질이 걸려
눈을 감고 있었다

폭풍이 산처럼 밀려오고
노도(怒濤)는 전율로 떨게 했다

떨린 가슴께로
또 하나의 바다가 범람했다

범람한 파도 위엔
내가 떠 있다.

빗속의 여인

불러서 나갔지요
그냥 차 마시고
돌아왔어요

우산 속에서도
젖어버린 가슴으로 보내 놓고
돌아보니
빗줄기에 떠밀리듯 사라진 무심한 모습

빗소리에 불리어 나갔는데
그저 차만 마시고
돌아왔어요.

포옹

가슴과 가슴
눈물과 눈물

두 팔이 먼저
끌어안는
소리없는 통곡

아, 영원한 시간
어둠 깊은 호수로

하늘의 별똥별
소나기로 쏟아진다.

사랑은

사랑은
치솟다가 엷어지는
연기
출구를 못 찾아 헤매는
미로

사랑은
가뭄 속에 기다리는
여름비
마셔도 마셔도
해갈 되지 않는
갈증

사랑은
감출 수 없는 기침
손톱밑 가시로 와서
마디마디 쓰라리게 해
눈감으면 가슴 설레이는
눈물 나게 찬란한
환희

사랑은
청하늘 우러른
작은 산딸기
따슨 햇빛 받으면
더욱 상큼한

연가 1

당신의 시편(詩篇)에서
한 번도
'사랑한다' 듣지 못한 말
보석을 캐듯
찾고 싶어요

감추어
보이지 않아도
떨림으로 전율로
감전될 때
차가운 파도 속에
숨어 버려요

눈 감으면
보이는 사람
애써 감추지 말아요
아무것도 모르는 채
서 있을 게요.

저녁바다

님은 날
눈빛 한 번 주지 않고
저녁바다 같다고 한다

일출이
꼬리를 치면
몇 천 번 눈을 맞추다가도,

파도는
흰 거품을 물고
시위 떠난 화살처럼 달겨들고

내 앞에 서서
깨어진 유리처럼
분탕질을 치는데

어쩌란 말이냐
철썩철썩 피 흘리며 달겨드는
저녁나절의 이 순수를

이별

꽃 필 때와
꽃 질 때
그 사이에
이별이 있었다

목련꽃이 떨어져
만든 신록
흐느끼는 소리가 들린다
새 잎 돋는 소리

계곡의
물소리가,

봄이 머물고 있는
시간에도
몇 차례의 이별은
내 산자락을
찾아왔다가 간다

등을 돌릴 때를 아는
의미의 발걸음은
그래서 우아하다.

한강

깊이 모르는 사랑이다
속으로 역사 안으로
하늘을 이고 산을 껴안고
어둠을 껴안고
이 나라 사람들의 삶의 무게를 안고
반짝인다
바람은 끝없이 강을 건너지만
난,
수면 위에 떨어지는 햇빛에 매료된다
비워 있으므로 헤어짐도 없다
밤하늘 별들이 내려와
바다로 흘러가도
천년의 세월 담고 흐르는 이야기
슬픔과 영광을 싣고
눈물로 서로 껴안고
용서하며 사는 너는
깊이 모르는 사랑 속이다.

함께 가는 길

너는 갈보리 산 위 어린양
나는 갈릴리 바다의 물고기

너와 내가 만나
가슴에 돌덩이 하나 매달고 살지만
날마다 나는
새처럼 날아간다
나는 너를 만나 치매 초기 증세로
조금씩 어려 가지만
너는 하루가 다르게 늙어만 간다
눈동자가 깨끗한 너와 함께 꿈꾸고 있으면
내 영혼이 네 눈 속에서 꽃피어 떨려오고
서로의 마음 비추어 가장 단순한 사랑으로
우린 그렇게 별까지 함께 간다

나는 갈릴리 바다의 물고기
너는 갈보리 산 위 어린양

그곳에 가고 싶다

바위 밑 생명의 우물을 파
내 영혼 헹구고 싶다
바람 같은 성령의 불꽃
십자가에 태우고 싶다
빗물에 젖어온 영생
두려워 말라 놀라지 말라
너와 함께 하리라
어려움과 역경에도 복되게 다듬는
참으로 나를 붙들어
작은 신음에도 응답하는 그님,
당신을 섬김이
천상에서 빛나리니
그 바위 밑 생명수 끌어 올려
푸른 초원 가꾸어
그곳에 가고 싶다

깃털 하나 달고 동해로 가는
여행은 시(詩)다
아찔하고 텅 빈
참으로 드넓은 바다가
나에게 안긴다

제7시집

절망의 층계 쌓기

(2007. 9. 15 조선문학사)

겨울 숲 3

앙상한 빈혈기의
가지 사이로
영양실조로 쓰러진
길이 하나 있다

길을 따라 걸으면
한 마리 짐승
멀리 보이는 강 얼어있고
언 가슴으로
따뜻한 체온을 꿈꾼다

겨울 숲길 따라 걸으며
어디쯤 끝나는 곳에서 봄을 맞을까.

숲을 거닐다가

이 숲 빠져나가면
열린
지평이라도 펼쳐져 있을까

숲을 날면서도
숲에 갇혀 사는
뱁새며 뻐꾸기며
까투리에겐
지평은 어떤 의미로
주어진 것일까

다가가면
다가간 만큼 물러서는
지평은 무지개 같은 것

이 숲 빠져나가면
잡힐 듯 잡히지 않는
그런 무지개라도 걸려 있을까

숲속에서
깃털갈며 비상을 예비하는
새가 되어본다.

새는

가지들은 한사코
새를 키워
날려 보낸다

날려 보낸 가지만이
돌아오는 새를
다시 기를 수 있다

내 생각의 가지에도
새가 있다
한사코 깃을 펴는
비상을 꿈꾸는 새가 있다

시방 나는
한 그루 가지 많은
나무다.

비가(悲歌)

꽃이 아무리 고와도
가지로 긋는 한 획의 순간일 뿐이다

사랑이 아무리 뜨거워도
잠시 태우다 꺼지는 불꽃일 뿐이다

생이라고 다르랴
일순으로 긋고 맺는 피리어드인 것을

아름다움과 슬픔이 맞닿아 있는
너무 기쁘면 눈물이 나고
너무 슬프면 웃어버리는 이치 또한
이러하리니.

호반

가슴에 그리움이 고이듯
범람 직전의 충일로
출렁이는 호면(湖面)
바람 한자락 스치듯 지나가며
깎아내는 날세운 대패질

종일 들락거리며
목욕하다 돌아가는
그림자의 산자락

새 한 마리 찾아왔다가
그리움의 목 적시고
그리운 곳으로 다시 날아간다

호반의 변두리를 걷다가 돌아가는
여심(女心)
혹은 여심(旅心)

거미줄

거미 한 마리
집을 짓는다
씨줄 날줄을 엮어
사선으로 둘러 울타리치고
성주(城主)처럼 중심에 자리한다

기는 놈 위에 나는 놈 있다는
구호는
성주의 사전엔 없다
나는 놈 위에 기는 놈 있다는
국시(國是)의 구호만 있다

날것들 걸려들지 않는 날엔
햇빛이나 바람을 낚아보면서 소일하다

그도 심심하면
지나가는 물소리를 투망질해와
귀를 씻어본다.

비오는 날

수직으로 내리 꽂는
장대비
우산도 없이 뛰쳐나갔던
젖은 세월의 그날들
그 사람도 기억하고 있을까

창밖에는 비
추억을 적시며 젖어오는데
왜서일까
기쁨보다
아픔이 되는 사랑

아직 젖을 수 있다는 것
젖어 떠올릴 수 있다는 것
그것이 비록 아픔일지라도
귀하고 소중한 것이 사랑이라는 것을

그대가 있으므로

구름이 없었다면
어찌 진홍빛 타는
노을로 펼칠 수 있었겠는가

시린 갈대끼리
몸 섞지 않았다면
어찌 저 바람인들 흔들 수 있었겠는가

격랑의 파도 있어
바다를 이루고
한 포기 푸나무 있어 숲을 이루는 것을

이 세상에
그대 있어
삶의 의미 새기고

이 모든 흔적 사랑으로 남긴
한 권의 시집 있어
삶의 의미 담을 수 있는 것을

홍시

가지와 가지 사이엔
낙일(落日)이 걸려 있고
가지 끝엔
홍시가 매달려
낙일 흉내를 하고 있다

흉내뿐만이 아니라
가을 늦은 풍경이나
성급히 달려올
겨울 풍경의 여백에 찍힌
낙관이 되기도 한다

깍깍
까치라도 쪼아 시장기를 면하는 날이면
그대로 살아있는
한 폭의 문인화가 된다.

그늘

아침 한 때
그늘에 놓인 의자엔
하루가 앉았다 갔을 것이다

정오의 모퉁이를 돌아
하오의 저녁나절을 하루가 옮겨 앉고
의자는 그늘 밖으로 밀려나갔다

아무도 앉아 있지 않는
부재(不在)의 피투성(被投性)

삶도
하루의 의미도
저러하리라.

귀뚜리 변주(變奏)

눈감지 못하고 밤새 흐느끼는
쓰나미에 쓸려간
잠들지 못한
생령(生靈)들의 호곡(號哭)일까
이승을 떠돌며 울어대는
통곡일까
쓰르쓰르 쓰르르
보표(普表)도 없이 부르는
귀뚜리 영가

산다는 것

산다는 것은
매일 하나씩
? 부를 찍는 것이다

산다는 것은
어쩌면 내일을
간이역 삼아 쉬어가는
컴마를 찍는 일이다

아니야
산다는 것은
삿대 하나로 저어가는
고해(苦海)의 도강(渡江)이야.

입춘

청보리밭 이랑은
바람이 긋는 오선보(五線譜)
살아있는 음계 타고 보리피리 불면
정수리로 올라온 수액(樹液)
터질일만 남았다

온갖 새들
푸드득 푸드득 둥지치고 나와
교접(交接) 노래 현란한 며칠 뒤
입덧으로 굴리는 비비 꼬르르
회진(灰盡)의 속내를 툭툭 털어내면
열다섯 첫사랑 사춘(思春)
명지바람 타고 오는가

솟는 입김의 단내에
서성대는 나뭇가지
으쓱으쓱 올해는 내가 왕이다
잎맥이여 뻗어라 내가 왕이다.

전쟁놀이

산자락 능선에선
화공(火攻) 아닌
화공(花攻)의 포복

가지마다
방아쇠 당겨 터뜨리는
불꽃은 축포(祝砲)

들녘엔
포연(砲煙)으로 피어오르는
가물거리는 아지랑이

길 섶
난장이 키로 서서
전쟁놀이를 구경하는 민들레

4월의 전쟁은
꽃잎 터뜨리는 불꽃놀이

산불

양양(襄陽)을
양양(洋洋)으로 아는 것일까
파도 기름삼아
화마군단(火魔軍團)이 쳐들어온다

아니면
양양을
양양(揚揚)으로 알고 찾아 온 것일까
불을 뿜어 능선을 다 태우고는
의기양양 개선군이 된다

바람과 불의 음모
천년 고사(古寺)를 구워먹고서야
비로소 트림으로 소화(消化)아닌
소화(消火)하는
양양 산불

제8시집

소멸의 뒤안길

(2009. 2. 28 문예사조)

황혼

늦은 길 재촉하다
떨어뜨려 흐트러진
꽃다발이다

하루치의 피곤과
하루치의 행복과
하루치의 보람을 꽃피워
엮었던 꽃다발

내일을 꽃피우기 위해
산화시킨
오늘의 꽃다발이다.

신성리 갈대밭

밀물에도 몸 풀고
썰물에도 몸 풀고
바람에도 풀다 지친
몸

어디 몸뿐이랴
머리칼 흔들다 어지럼증이 돼 버린
산발로 우는
울음도 매듭으로 풀린다

풀린 매듭으로
가누지 못한 채 흔들리는
신성리 갈대밭

시인의 노래 2

낙조에
가슴이 물들지 않는다면
시인의 가슴이 아니다

중천에 뜬 달을 보고도
따 담을 줄 모르면
시인의 마음이 아니다

외발로 달려가는 빗줄기나
한 잎 보표(譜表)로 소리하며 지는
낙엽을 앞에 하고
가슴과 마음이 열리지 않는다면
시인이 아니다

시인은 노래할 뿐만 아니라
노래하기 위해
가슴과 마음에 시심을 키운다.

비 오는 날의 어머니

비와 어머니
어머니의 계절이 우계(雨季)인지
우계에 내가 살고 있는지
늘 젖은 어머니를 마주한다

젖은 계절에도
물기를 말려 주시며
체온을 건네 주시던
어머니

어머니의 체온 속엔
언제나 따뜻한 피가 흐르고 있었고
그 피는 내 가슴을 덥히고 있었다

지금은 그리움이 되어 버린
비와 어머니
오늘도 당신께선
빗속에 서 계신다.

연꽃길 소요(逍遙)

마음 설레어
연꽃 방둑길에 섰네

연잎은 아침 이슬로 영롱하게 보석 같고,
넉넉한 가슴 열어
속세에 물들지 않은
보석으로 치장한 연화대에 꽃피운
천연(天然)의 꽃

비록 감탕물에 뿌리가 닿았으나
속세의 어둠을 밝힌
선등(禪燈)

탐진
속진(俗塵)
마음속 어둠 훤히 밝혀
헹궈주는
바라밀의 언어

소멸의 뒤안길

우주만물은 소멸만이 아니다

채우기 위해
비워야 한다는 것을 알 무렵이면
비우는 것이 곧
채우는 것이란 것도 알게 된다

어디 그뿐인가
절망이 곧 희망이라는 것도
희망이 절망이 될 수 있다는 것도
알게 된다

이치대로 좇지 않아도
스스로 채득되는
미움도 사랑이라는 것
사랑은 미움이라는 것의
이 배리(背理)를 배울 무렵쯤이면

그때 비로소
생이 무엇인지를 묻고 물어
깨닫게 된다.

연가 1

내 몸 깊은 샘물 있어
물관 타고 흐르는 생명의 희열
간절히 부르는 영혼의 소리
나의 사람아

하많은 세월
그대 있어 순간으로 보내니
뜨겁게 꽃 피우는
선혈의 동백
반짝이는 청록 이파리
아직도 청정한데

한밤중 깨어
수없이 오가는 생각
바다보다 깊어
그대 그림자 뇌수에 박혀
오래도록 기억하며 살으리
내 몸 빈 삭정이 되어도

연가 2

한사코
흉벽에 감기는 메아리
소리하지 않아도
육성보다 더 크고
더 강렬하게 감기는
사랑의 메아리

그대
들어 보았는가
가슴에서 영혼으로 이어지는
소리하지 않아도 들리는
메아리의 연가를

눈꽃 사랑

너는
눈 속을 살로 달려와
내 가슴 과녁삼아 꽂히는
눈꽃송이

나는
갈기 세운 백마로 너에게로 달려가는
불꽃 가슴

가슴과 가슴 사이
불과 얼음 함께 있어
뜨거움과 차가움의 입김으로
키우는
눈꽃 사랑

가슴에 사는 날

가슴으로만 피울 수 있는
가슴에서만 피는
꽃이 있다

이슬 아닌
그리움만 먹고
살이 찌고 피가 되는
꽃잎의 붉은 사랑

가슴으로만 익히고
가슴으로만 열매 맺는
그런 사랑
가슴에 별처럼 지니고 산다.

지리산 철쭉

백두대간의 영봉(靈峰)
지리산에 올랐더니
피가 묻어나
골짜기마다 흥건히 고인
피바다

분명
자객(刺客)이 지나간 게 분명한데
산신령 말고는 아는 이가 없다

그게 아니라면
원통하게 죽어간 피아골의
넋들이 울음하는
피눈물

영산도
피눈물에 젖어
붉게 운다.

바다

등대는
안개에 안질이 걸려
눈을 감고 있었다

폭풍이 산처럼 파도를 밀고 왔고
노도(怒濤)는 전율로 떨게 했다

밀린 가슴께로
또 하나의 바다가 범람했다

범람한 파도 위엔
쪽배로 내가 떠 있었다.

가을은 양수리행 전철을 타고

가을은 양수리행 전철이다

스크럼을 짜고 늘어선 전봇대를 끼고
일정한 보폭으로 달리는 전철
내려다 본 양수리는
강을 끼고 있고
강은 산을 끼고 있었다
밤마다 껴안고 혼숙을 한
우리는 모두가 가을 연인들이다
잘 익은 홍시빛으로 달뜬
연인들의 얼굴에서는
짙게 가을이 숙성해지고 있었다
어디서 무얼 하다 돌아왔는지
한 해의 해후를 토닥거리며
붉은 잎새 지는 찻집엔
함묵인 채 벙어리가 되어 버린 강물
가을은 양수리행 전철이다.

산수유

봄비에 물 머금은
샛노란 입술들
청하늘 햇살에 부풀은 꿈 펼친다

봄꽃 축제에
환한 미소로 시작하는
태어남의 빛나는 소리

겨울 긴 잠 황달기의 눈꼽을 떼고
지나간 아지랑이 속 갈채를 갈망하는
황금빛 사랑

내일의 빨간 열매를 위한
부채살 펼치는
태동의 환희

대숲에 이는 바람

하늘을 품고
산을 안아 주는
대숲에 바람이 인다
댓잎 잎잎 나부끼며
술렁이는 소리

한시도 바람 잘 날 없는
인생사 이야기
풀어 놓고
댓잎에 흐르는 물소리 답 듣는다

죽어 소금을 채워
여덟 번 구워낸 죽염
대통 마디 깎아 내어
낭창낭창 대소쿠리 빚는
노부의 거치른 손

곧고 반듯한 대숲의 향기엔
탄생과 소멸의 이치가 있는 것을,
하늘 향해
묵묵히 제자리 지키는

대숲의 함성
대숲에 이는 바람이여.

바람이 되어

바람이 되고 싶은 날이 있다
활활 불지르는
가슴 태우는 날의
바람이 되고 싶은 날이 있다

탓하지 말거라
바람없이 어찌
가슴에 불지를 수 있으며
불지르지 않고 어찌
사랑으로 탈 수 있으랴

항시 가슴에 품고 사는
푼수 하나
나는 바람으로 살고 싶다

바람이 되고 싶은 날이

사루비아

오늘 이 시간
불꽃으로 산다
계절 꽃 다 지고
서리 내리는 가을
붉어 붉어 타는 바다
피 쏟아 탄생된 시(詩)
그 기상 그 열정 바람인들 막을손가
늦어도 힘 없어도
단 하나 목숨 걸고 오체투지 일체유심조라
황홀한 집념의 노래
사월 때까지 부르리라
꽃술 하나 하나에 소망 달고
불꽃 심지 높이 올려
불타는 시의 바다 그 절정에 오르리라.

생명의 소리

즐겁다는 것과
슬프다는 것은
각기 다르기보다
동그라미로 그린 생 속에 넣으면
맞물려 돌아가는
혼합물이다

어찌 생이
기쁨일 수만 있고
슬픔일 수만 있겠는가

기쁨과 슬픔의 공존
그것은 생이 공처럼
굴러가기 때문이고
공속에 둘이
공존하기 때문이다.

가을 속으로 2

물든 가을과 함께
노을도 붉다

어찌 노을 뿐이랴
가슴도 익으면
사랑으로 핏빛이 되는 것을
피로 쓴 한 장의 편지
낙엽으로 배달된다

사랑 1

사랑은
한 그루 나무
가슴의 바람기에 따라
흔들렸다
꽃피웠다 하는

사랑은 잎새
기쁨과 슬픔이 교차할 때마다
음표(音標)가 되어
오선지에 그리는 노래

사랑은 무지개
흐렸다 개었다
가슴의 기상도에 따라
걸렸다 사라졌다
아미에 걸리는

제9시집

육부능선에 서서

(2010. 11. 25 시문학사)

▼

■

•

사무사(思無邪)에 기대어

새벽잠에서 깨면
아버님이 붓으로 써주신
'사무사(思無邪)'가 반긴다

무언(無言)의 말씀에 기대어 살아왔다
개인전 한 번 못 해드린
그 작품들이
자식들 집에 흩어져 걸려 있다

아기를 업고
대(竹) 소쿠리에 갖가지 사연들을 이고 있는
박물장수 여인의 수묵화며,
화장대 옆 병풍엔
매일생한불매향(梅一生寒不賣香)

화가요 서예가인
손때 묻은 아버님의
그림과 글씨들
지금도 사랑의 숨소리로
나를 지켜준다.

무언(無言)의 의미

깰 것 다 깨고,
부술 것 다 부수고 그래도
엄마는 마지막 보루(堡壘)였다
한밤중 딸에게서 전화가 왔다
휴대폰 액정이 나가
잘못 통화 버튼을 눌렀단다
말하지 않아도
무슨 말 하려는지 짚어지는—
"날 밝는 대로
적금 해약해서 부쳐줄게"
'그래 딸아 고맙다
엄마는 네가 있어
삶의 의미와 행복을 느낀단다.'

만남

님과 남은
획 하나 차이
정으로 울타리치고 살면서
한사코 획 하나를 뜯어낸다

뜯어내면 뜯어낼수록
그 중 깊은 곳에 닿는
인연의 동아줄

님과 남은
칭칭 감아 엮는
생의 울타리 밖과 안의 관계다

울타리 밖엔 남
울타리 안엔 님
그렇게 살아가면서
만남의 소중함으로 인연하고
산다.

한 잔의 커피 같은

지치고 힘들 때
기대고 싶은
한 잔의 커피

속내를 드러내어 화풀이 할 때
맞장구쳐주고
투정을 부려도 방긋 웃어주는
커피 같은 그대가 있습니다

진한 향으로
뜨거운 사랑을 녹여
마음 속 깊이 내려보내면
스스르 가라앉게 하는 묘약

살아가기 힘들고 지칠 때
그대의 여유로운
위로의 커피 한 잔
뜨거운 사랑을 녹인
행복한 설렘
한 잔의 커피 같은 그대가 있습니다.

숨어 있는 것

꽃이 아름다운 건
까만 씨방의 열매를
여물게 하는 때문이고

사람이 꽃보다 아름다운 건
사랑으로 맺은
종족보존을 하기 위함이네

시가 좋은 건
행간에 숨어 있는 나비
보석을 찾아내는 재미 때문이고

그대가 좋은 건
항상 곁에 있어
도깨비 방망이가 되어주기 때문이네.

기도

받아서 채워지는 가슴보다
주어서 비워지는 가슴이게 하리

가득 차 넘치는 탐심 버리고
빈 가슴으로도
허허롭지 않는 가득함이 되게 하리

채우고 비움이 따로가 아닌
둘이면서 하나인
그런 무소유로 살아가게 하리

무소유가 소유임을 알고
비움이 채움임을 알게 하리
가난이 곧 부자임을 알고 살게 하리.

낡은 병풍

최씨 집안 장손 며느리는
제사가 많다
제사 때면 펼치는
여덟 폭 병풍
앞면엔 친정아버님의 붓글씨
뒷면에 어머니의 꽃비단 자수
병풍 펼치는 날엔 부모님을 함께 맞는 날이다

한 땀 한 획 흘린 땀방울 구슬삼아 꿰매신 자수며
좌우명으로 기둥 삼게 하신 글들은
회한(悔恨)의 세월에도
굳건히 서서 버티게 한 힘

사십년 제사 때마다 접었다 편
세월의 굴곡으로 닳고 닳아
접혀진 채 뒤로 하고
오늘은 새 병풍 아들이 사들고 왔다

아들아 너에게 남겨줄 것이 없구나
시집 열권 쯤 남긴다고 저 병풍만 할까
돌아갈 수밖에 없는 눈물진 회귀(回歸)

어머니의 자수에 걸린
목단(牧丹) 수국(水菊) 떨기 같은 그리움
아버지 글씨에 배인 먹물로 번져난다.

사랑이란

내 안에 있는
그리움이다

먼 산에 걸려 있는
아침 안개처럼
아득하면서도 잡히지 않는
사랑을 찾는 길이다

생(生)의 긴 역사 속에
갈 길을 잃고 서성일 때
내 곁에서 사랑을 채워주는 사람
부재중인 사랑을 찾는다

함께 빈 마음으로
사랑의 시를 짓고
계절이 지날 때마다 눈물 흘리며
용광로 같은 불길 일으켜 추억을 만들어 가는 것

사랑이란
늘 내 안에서 목말라
꿈틀거리는 그리움이다.

사랑은

사랑은 생기(生氣) 넘치는
기다림의 풀잎 희망

사랑은 희열로 쌓인 함성
사춘기 소녀들의 풍만한 꿈

사랑은 태양이 작열하는
바다를 가르는 스키보트의 탄성

사랑은 사랑의 함정에 빠져
간절히 희원(希援)하는 연인들의 포옹

사랑은 포근한 어머니의 젖무덤
한없이 퍼내도 샘솟는 열정

사랑을 잊은 나이에
사랑의 꿈 꿀 수 없을 때
이 모든 것 담아
마음 속 살아 숨 쉬게 하는 지진(地震)

그 사랑

외로움 달래주며
늘 곁에 있는 이

삶의 길 팍팍하고 더뎌도
항상 동행해 주시는 이

시린 가슴에 불 지펴
빛으로 열리게 하시는 이

모든 허물 감싸 안아
바로 잡아 용서하시는 분

그 분의 십자가 사랑으로
사랑을 배운다.

참 좋은 사랑

곁에 없어도
멀리 있어 가 닿을 수 없어도
생각 하나로 그려온 당신은
참 좋은 사랑

사는 것 힘들고 가난해도
그리움만 먹고도 살이 찌는
부자 부럽지 않는 행복을
나눠준 당신은
참 좋은 사랑

손 내밀어 잡지 않아도
손과 손끝에 이는 자장(磁場)으로
감전인 듯 전달되는
당신의 사랑은
참 좋은 사랑

산이 오라 손짓하네

산이 거기 있어서
가는 것이 아니다

산이 오라 오라
손짓하며 불러서 간다

오를 때는 끝없이 위를 쳐다보고
내려올 때는 고개숙여 내려온다
올려다보아야 하는
봉우리는 언제나 푸르고 싱싱하다
바람에 떠밀려 하늘에 오르면
위에서 지는 일몰의 해는 더
커다랗게 시계(視界)로 들어온다

감추는 것 없이 다 보여주는
한없이 거대한 자연
산의 정상에 서면
온몸 벗어 던지는 자유
깊이 빠지는 사유(思惟)

산이 오라 오라 해서
오늘도 산에 간다
산에 가서 올려다보는 법과
내려다보는 법을 함께 배운다.

육부능선에 서서

비 그친 오후
산문을 들어서니
가지마다 이파리들의 날갯짓
새 떼로 앉아 있다

가지와 가지 사이로
젖은 물끼 떨어내며
한사코 비상이듯 파닥거리는
몸짓

어느덧 육부능선
노루목에 걸터앉아 잠시 쉬는 사이

내 겨드랑이도 간지럽다
깃털 몇 개 돋아날 모양이다.

들풀

비와
바람과
햇볕 벗하고 산다

어쩌다
꽃이라도 초라히 피는 날
지켜봐 주는 이 있어 마주하면 기쁘고
그냥 지나쳐 가도
그뿐 탓하지 않는다

들풀이 어찌
청자 화분이나
화병에 꽂히길 바라겠는가

분수대로
비오면 비에 젖고
바람 불면 바람에 몸 맡기고
햇볕 좋은 날엔
푸르름으로 살아가면
그뿐인 것을

풀꽃

밟힌들 어떠랴
바람에 허리 꺾인들
어떠랴

질긴 뿌리 뽑히지 않고
바람 따라 꽃 피우고
꽃 지면 그만인 것을

어찌 뿌리 없이 떠도는
인생에 비하랴
고향 없이 살다간
허울 뒤집어쓴 위인들보다
민초로 살다가는
풀뿌리 인생을 사랑하거늘

바람 부는 날

바람이 되고 싶은 날이 있다
나뭇가지를 흔들며 내게로 오는 바람은
비타민보다 생기를 주는 활력소

흔들리는 풀잎들의 손짓
부딪치는 나뭇가지들의 소리
바람이 분다는 건
무엇을 존재케 하는 뜻
풀밭은 열매를 익게 하고
나뭇가지는 새들을 날게 해

제멋대로 펄럭이는 바람이지만
빈 곳을 채워주는
가슴과 가슴을 소통하게 해

항시 가슴에 품고 사는
바람이 되고 싶은 날이 있다.

바다

안개 속에 숨어 있는
등대

동해의 꽃항구

폭풍이 산처럼
해변으로 밀려온다

산으로 폭풍으로
내 몸에 와 닿는 육중한 첫사랑

바다에서 너의 이름 부를 때
파도는 광란의 춤을 춘다.

산수유 2

봄비에 물 머금은
샛노란 입술들
청하늘 햇살에 부풀은 꿈 펼친다

봄꽃 축제에
환한 미소로 시작하는
태어남의 빛나는 소리

겨울 긴 잠 황달기의 눈곱을 떼고
지나간 아지랑이 속 갈채를 갈망하는
황금빛 사랑

칸나

종일 피를 토해내는
입술

입맞춤 없이도
핏물로 번지는
가슴

가슴엔
삼킨 채 토해내지 못한
종양 하나

이름 없는 아픔으로
피를 토한다.

허송(虛送)

가는 해 오는 해 빗겨 서는데
시 하나에
세상 걸어두고
미친 듯 흘려버린 세월

지나간 시간
희미하게 함몰되어
흔적이 묘연한데
명정거리도 못되는 시
남겨서 무엇 하나

환상이 깨어지는 것을
멀리서 바라보며
어느덧 해지고
걸어야 할 길 먼데
제자리 걸음이다

여기에 짐 부리고 단식하면
다시 시를 쓸 수 있을까

어쩌다
꽃이라도 초라히 피는 날
지켜봐 주는 이 있어 마주하면 기쁘고
그냥 지나쳐 가도
그뿐 탓하지 않는다

제10시집

서울 속의 바다

(2011. 10. 5 조선문학사)

인생

하늘이 푸르다가
눈발 날리고
별이 빛나다가
폭풍우 몰아친다
하늘도 아닌 별도 아닌
자연의 일원으로 태어난 우리
모든 것은 차용된 부도수표
하늘이 푸르른 한
별이 빛나는 한
세상살이 다 너에게 속해 있다
뙤약볕도 삭풍도 견뎌낸
꾸밈없는 꽃 한 송이
내 님처럼 쳐다보며
비애와 한숨 웃어 넘겨라.

늙는다는 것은

늙는다는 것은
세월을 포식했다는 이야기

늙는다는 것은
세월의 이쪽과 저쪽에
나를 세워
아름다움과 슬픔을 알게 한다는 뜻,

늙음만이 배워 벗하고
터득할 수 있는
아름다움과 슬픔

인생이란
이 둘로 나란히 찍은
족지(足指)일 뿐인 것을

사랑이란

사랑은 그리움이다
그리움을 먹고 살이 찌는
가슴의 미숙아다

사랑이란
잡히지 않는 무지개다
두 가슴 사이에 찬란한 빛의 아치로
걸려 있는
다가가면 물러나 버리는
무지개다

사랑이란 외로움이다
외로울수록 커가는
외로움 없이는 성장이 불가능한
발육부진의 지진아다.

사랑 끝 사랑 시작

시작이 있으면
끝 또한 있는 법
이는
시작과 끝이
맞물려 있음이다

일찍이 불가(佛家)에서 이르던
법문(法門)의 깨달음
불이(不二)가
그러하지 않던가

떠나고 보냄이
재회의 기쁨으로 다시
만남이 되듯이

만남이 되어
하나가 되듯이
사랑 또한 그러한 것을
끝나는 곳에서 다시 시작되는
둘이면서
하나인 것을

사랑 리필

한 생 살아가는 동안
그 중 중요한 테마는 사랑
커피를 마시듯 사랑 리필을 한다

달과 별 들짐승 산노을도
지고 돋고 꽃단장 하지만
사랑은 지지 않는, 계절도 없이 피는 꽃으로
사랑 리필을 계속 한다

갈수 있는 거리 저만큼에 있는 그대
만월 찬 바닷가에 등대처럼 불기둥을 세우고
밀림의 미로에서 소나기를 만나듯
다시 마시고 다시 느끼고
내 몸에 심지 세워 불을 붙여주며
그대 마음 따스하게 녹일
살아있는 사랑놀이 한다

그대가 철책에 가리고 바위에 막혀
갈수 없는 거리에 서 있다 해도
신 새벽 어둠을 뚫고 부르튼 맨발로 찾아가리
커피를 찾듯 끝없는 목마름을 적셔줄

내 생에 가장 갈증을 일으키는
일으켜 갈증을 달래주는 사랑이여.

꽃보다 아름다운 당신

꽃보다 아름다운
꽃잎으로는 피워낼 수 없는
피워낼 수 없으면서도
꽃보다 고운
그런 가슴으로 사는 당신

시심 하나 기둥으로 세우고
영혼의 집
언어로 울타리 두른
가난한 당신

그러나 항시 등 밝혀
가난을 즐기시는
즐겨
꽃보다 아름답고 그리운 것이 되는
그리운 것이 되어
시와 더불어 사는 삶 즐기시는
꽃보다 아름다운 당신

전철 속 풍경

비좁은 통로를 뚫고
장님 부부가 하모니카를 불며
지나간다
적선의 바구니는
빡빡한 객실과는 달리
텅 비어 있다

할렐루야 천국 갑시다
예수를 믿으면 천국에 갑니다
천국이 있는지 없는지 모르지만
만원 지하철은 지옥임이 분명하다

우산 사세요
밖엔 비가 옵니다
비가 아니어도 이미
우수에 마음 젖은 이들이
귀 대신 눈을 닫고 있다.

석면

뽀송뽀송 베이비 파우더
침묵의 살인자인 줄도 모르고
아기 엉덩이에 뽀얗게 두들겨 발랐네

수 천 개의 약품, 식품, 화장품에
자궁암 폐암의 발암성 물질이 섞여 있었나니
산다는 것이 온통 발암의 발병지대가
아니었던가

발암의 포위망에 갇혀
하루하루를 눈금 없이 죽어가는
문명 시대의 우리네 삶

거꾸로 본 세상

바로 보면
그것이 그것이고
또 그것이 그것이다

거꾸로 보는 법
세상을 거꾸로 보는 법을
배워두면
새로운 눈이 열린다

구식으로 사는 것의
아름다움과
신식으로 사는 것의
역겨움과

아름다움과 역겨움
다스리고 사는 법
그것이
거꾸로 본 세상살이다.

시에 걸린 열병

시를
아편이라고 한다면 틀린 말일까
한 번 취하면 깨어날 수 없는
허나
깨어날 수 없을수록
마약이 아닌 명약 되는 시

진정한 시인이란
언어의 최면술에 걸린
걸려 깨어나지 못한
언어의 중독자
중독의 불치병 환자가 아닌던가

허나
언제고 깨어있는
깨어있어 때 묻지 않은 순수만이
발병할 수 있는
언어만이 해독의 명약이 되는 불치병

한 잔의 커피 같은 2

커피 잔에 설탕 대신
하루치의 고단한 수고로움과
털어내지 못한 역겨움과
지우지 못한 부끄러움의 얼굴을
타 마신다

꿀꺽 삼켜버리고 싶었던
체증으로 목에 걸려
넘어가지 않던 것들로
숨통을 죈 소화불량증의 메스꺼움도
함께 타 마신다

달콤한 설탕 보다
쓰디쓴 소금 맛으로
행복함과
불행함을 맛보게 하는
한 잔의 커피
혹은 한 잔의 코피

봄 산 진달래

불길 속에 태연히
석불(石佛)이 서 있다

감긴 눈을 뜨는 날이 있어
타는 진달래 불길 보면
입도 열릴까

옷 깃에 불이 붙건 말건
가슴이 더워오건 말건
지긋이 눈감은 채
천년을 서 있으면
그뿐

그래서 그런지
진달래 꽃 또한
석불이 구경하건 말건
불길로 타오르면 그뿐

무지개를 좇던 일

이마로 키우며
좇던 무지개의 꿈
가슴에 묻으며 산다

아미에 걸려
길이 되어 주기도 하고
가슴과 가슴을 잇는
다리가 되어 주기도 했던
무지개

무지개와 같아 했던가
인생을

산다는 것은
꿈을 꾸고 꿈을 좇으며
꿈을 먹고 사는 일

무지개의 꿈이 이와 다르지 않았으니
삶이 무지개 아니던가.

달만큼의 거리에서

얼마를 채우고 또 채우면
저리
만월로 충만할 수 있을까

얼마를 더 다듬고 다듬으면
저리
완벽한 원을 그려낼 수 있을까

그리움도 채우고 또 채우면
달처럼 저리 풍선으로
떠오를 수 있을까

떠올라
그대 창가에 걸릴 수
있을까

달로 그린 동그라미 속으로
그대와 나
들어가 본다.

서울 속의 바다

뭍이 고향인 나는
늘 가슴에
바다 하나 지니고 산다

하여 내 항해일지엔
도강을 위한 예비와
도강을 꿈꾸다 침몰한
아픈 기록들이 새겨져 있다

밤마다 수장했던 꿈과
난파된 꿈을 인양하던
꿈의 바다

오늘도 노도로 출렁이는
바다 하나 안고 살며

항해일지를
시로 쓴다.

달콤한 설탕 보다
쓰디쓴 소금 맛으로
행복함과
불행함을 맛보게 하는
한 잔의 커피
혹은 한 잔의 코피

I

작품 해설

— 이지영 시세계 —

제1시집 ~ 제10시집

(1993~2012)

'마침표'의 詩學

— 이지영의 시세계

金 大 圭

1

삶이란 사람을 만나는 일이다. 나는 '삶'이라는 글자에서 '사람'이 축약적으로 어우러져 있는 느낌을 받는다.

한 시인을 처음 알게 되는 것은 하나의 새로운 세계와의 교점이다. 나의 인생에서는 미처 체험하지 못했던 새로운 감성의 영토에 우리는 여행자와 같은 호기심의 시선을 보낸다.

최근에 가까운 金南雄 형으로부터 이지영 시인을 소개받고, 그녀가 지천명에 이르러 첫 시집을 간행한다는 말을 들었을 때, 나는 만학에 대한 우러름보다는 오랜 세월을 시와 함께 살아왔을 한 인생의 아름다운 마음에 대한 지순한 고결을 떠올렸다. 그것은 내게 詩作의 개념을 훨씬 넘어서 이뤄진 시에 대한 사랑의 삶으로 받아들여졌다.

4부로 나누어진 79편의 시를 통독하고 난 직후의 총체적 느낌은 '추억여행 · 자연귀의 · 감성수련'이라는 덕목들로 집약되었다. 그리고 그러한 인생의 통과제례적인 정서들이 모두 삶의 현장에서 비롯되는 진솔함을 지니고 있기에 이지영 시인의 시의 산실은 자전적 진실성이라는 사실을 쉽게 알 수 있었다. 「까페의 창가에서」「남한산성에서」「비원에서」「구치소 가는 길」「오이도」「벌말역 소묘」「'셜리 바렌타인' 연극을 보며」「당신에게」「지구 시인회 모임」「모락산 정상에서」「1학년 교실에서」「삼악산 가는 길」「아카시아 숲에서」 등의 시제에서 보이는 것처럼 이지영 시인은 자신의 인생여정의 작은 굽이마다에 시의 눈길을 보낸다.

그러한 제목들은 흔히 작품의 부제로 씀직한데 이 시인은 체험의 현장을 전면에 돌출시킨다. 지천명을 넘긴 나이이니 시의 흐름이 과거지향적인 것은 당연하겠지만, 사실성에 입각한 발상의 틀은 앞으로도 그대로 유지될 바의 자세가 아닐까 하는 생각을 굳히게 된다.

그러나 작품을 읽어가면서 점차 내게 쌓여가는 의문이 하나 있었다. 크게 문제 삼을 것은 아니었는데도 관심이 끊어지지 않았다.

그것은 어느 작품에서도 '마침표'를 발견할 수 없었다는 것이었다. 다른 문장부호들은 다 썼는데, 왜 마침표만은 사용하지 않았을까. 하기야 시에 있어서 문법적인 요구는 비예술적인 구속일 수 있다. 마침표는 그 자체가 정서의 흐름이나 표현의 자율성에 쐐기를 박는 느낌을 주기도 한다. 그렇다고는 해도 마침표의 거부에는 그 이상의 의도나 배경이 있으리라는 기대감이 이어져 갔다. 그러다가 다음과 같은 시구에 눈이 머물게 됐다.

내 어릴 때
소꿉놀이적
클로버 네 잎
풀꽃반지
(중략)
요요요
아름다운

이 젊은 날
추억
마침표 없는
기인

— 「반지」에서

이것은 유년시절의 풀꽃반지의 추억이 원형을 이룬 반지로부터 떠올린 무한성의 개념이다. 반지와 같은 형태에는 시작과 끝이 없다. 마찬가지로 추억에의 회상에도 끝이 없다. 마침표를 찍을 수 없는 과거회귀는 영원한 그리움의 반추다. 따라서 이지영 시인이 마침표를 찍지 않는다는 것은 자신의 추억 여행에는 종착역이 없다는 것이리라.

그러나 그런 생각만으로 마침표에 대한 나의 해법은 풀리지 않았다. 작품의 어느 곳에서도 이에 대한 구체적인 암시는 없었다. 그때, 그렇구나 하고 떠오른 것이 있었다. '미완성'이라는 단어였다.

미완성 이지영 시인은 자신의 예술의 길에서 '나의 시는 완숙의 경지에 이르지 못했다'고 스스로에게 다짐하고 있는 것이며, 더구나 그녀는 '나의 인생도 아직은 완성되지 않았다'고 생각하고 있음이 틀림없으리라 여겨졌다.

아직은 마침표를 찍을 수 없는 시와 인생. 그것은 겸허한 심성의 발상법이다. 하기야 누구의 인생엔들 완성이 있으랴만, 그것을 무언의 실행으로 살아간다는 것은 이미 범상을 넘어선 일이 아니겠는가.

나는 나의 이러한 마음읽기를 그녀와의 대면을 통해서도 확인할 수 있었고, 그러함으로 해서 한 시인을 새로 알게 되었다는 의미에서 보다 하나의 '사람'을 만나게 되었다는 데서 다시 한 번 삶의 의미를 되새겨 보는 것이다.

2

시간은
옷자락 붙들고
춤추며 가자 하고
꽃잎은
천연의 자태로
노을져 불타가는데

어쩔 수 없구나
인생이란 것
점점 사위어가는 모닥불처럼
잊히는 타성에 젖어
황홀키만 한 옛날
그 첫 만남의
섬광들—

눈물 같은
바다야 산아
너, 이리로 오렴!
눈부신 옛 추억들
비단처럼 쭈—욱
내 펴 깔고
그때처럼 옛날처럼
나를 출렁케 하라

섬 솟듯
솟으며
흐르는 시간에

바람 휘덮여 올 때
나,
새벽처럼 그렇게 동터오고파

먼 데서 안개 무너져 내리는
소리

문득 내 귓전에
들려 오는
저어

—「세월」 전문

이지영의 시는 비교적 호흡이 길다. 호흡이 긴 것은 사연의 김과 상응한다. 그녀는 아무리 풀어내도 끝이 없는 추억의 타래를 갖고 있다. 마침표가 없는 세월의 물레에서 시인은 끊임없는 추억의 교직을 한다.

위의 시는 지천명에 이르러 세상에 내놓은 첫 시집의 첫 작품이다. 대개 첫 작품은 그 시집의 문패다. 우리는 그 제목이 '세월'이라는 데서 이지영 시인의 정서의 현주소를 알게 되고, 「어쩔 수 없구나/ 인생이란 것」이라는 영탄에서 그녀의 노래의 가락을 꼽아 볼 수 있으며, 「눈물 같은/ 바다야 산아/ 너, 이리로 오렴!」이라는 애소를 통해 시인이 그 얼마나 자연과의 동화를 염원하고 있는가를 암시받게 된다. 그러나 보다 중요한 것은 그녀가 「황홀키만 한 옛날/ 그 첫 만남의/ 섬광들—」로부터 간절하게 「새벽처럼 그렇게 동터오고파」 한다는 사실이다.

원점으로의 회귀욕망, 그것은 자연으로 상징되는 영원한 모성에의 귀의이며, 방랑혼에 깃든 귀소본능이다.

젊은 날
'나는 이렇게 살았다'를
느끼고 싶어
시를 읊는다

—「나를 찾아서」에서

위의 시구는 이지영이 시작에 임하는 스스로의 자세를 잘 나타내 준다. 우리는 똑같은 발상으로 시를 쓴다면 대개 다음과 같이 표현할 것이다.

젊은 날
'나는 이렇게 살았노라'를
노래하고 싶어
시를 쓴다

그러나 이지영은 '나는 이렇게 살았다'고 산문성의 현장체험적 증언의 형태를 고집했고, '느끼고 싶어'라는 감성적 자기확인에 '시를 읊는다'는 음송의 예술행위를 강조했다. 그녀의 시가 정서의 자화상적인 특징을 짙게 거느리고 있는 소이연은 바로 이와 같은 자전적인 요인에서 비롯된다.

3

무조건
길을 떠난다는 데에
목적을 두라

어디에면 어떻고
누구이면 어떠랴
어차피 인생이란
여행인 것을

— 「여행」에서

자기 삶의 확인을 시작행위의 근간으로 삼은 이지영 시인이 '인생=여행'이라는 등식을 표방하는 것은 너무나 당연하다. 그러나 우리는 그 인생여행이 「젊은 군인의 아내였기에/ 새끼들 올망졸망 달고/ 높은 산허리 돌아돌아」, 「이사만도 삼십여 번」을 해야 했던 고난의 여정이었기에 이에 말미암는 현실로부터의 탈출욕구도 또 다른 여행의 길이 될 수 있으리라는 추념을 해보게 된다. 때문에 이지영 시인의 인생관은 근원을 알 수 없는 유랑자의 '허무한 편안함'을 보인다.

그녀는 본질적으로 「여보셔유!/ 한 말씀 물어봅시다유!/ "도대체 우리/ 왜 사는 거유?/ 야?"」하고 묻지만 「삶이란/ 참으로 짐스런 숙제/ 풀어도 풀어도 명쾌한 답이/ 나오지 않는」 까닭을 스스로 알기에 「산다는 것은/ 타고난 몸살」이요 「인생은 열병이야/ 어쩔 수 없는/ 인생은 열병이야」라는 자문자답의 결론으로 처방을 내린다. 그리하여 시인은 다음과 같은 방법론적인 출구를 획득해내는 것이다.

인생이란
쌓아가는 것이 아니라
하나 둘
무너져 가는 것
(중략)
한 번쯤은 그렇게
나를 잃으며 살고 싶어

감격할 수 없는 슬픔으로
그렇게 잔인하도록, 나를
무너뜨리며
무너뜨리며

— 「〈셜리 바렌타인〉 연극을 보며」에서

인생이란 게
다 그런 것
너무 그리 악 쓰지 마라
저렇듯 한껏
뽐내고 선 것도
따지고 보면 모두
그림이더라

— 「삼악산 가는 길」에서

쓰리고 아픈 것
갖지 않으면
편할 것을
그대로 손에 잡은 것
놓으면 그만인 것을

— 「공(空)」에서

천하에 아무것 하나
가진 것 없다 해도
모두가 내 것인데

여보게
언제나 봄 산은
마음을 비우라 한다

— 「봄 산을 오르며」에서

여기 인용한 시구들은 자기파괴를 통해 얻을 수 있는 무소유의 교훈이다. 깨끗하기 위해서는 갖지 않아야 하고, 높이 오르기 위해서는 비워내서 가벼워져야 하며, 편히 살기 위해서는 모든 걸 버려야 한다. 과연 그 누가 그렇게 달관의 인생을 살 수 있으랴. 이지영 시인은 바로 그러한 삶의 맛을 거느리고 있다.

이지영은 「인생은 때때로/ 역으로 살기도 한다」고도 하고, 「이 시대/ 참 소신 있는 사람들 그립구나」라는 탄식도 한다. 뿐만 아니라, 최근에 있었던 삼풍 백화점 붕괴사고에서 구사일생으로 구조되는 생환자의 모습을 시에 담으면서 「다시 온 이 세상 보고싶어/ 눈 가리운 수건 빼꼼히 벗겨질 제/ 아 그 반짝 빛나던 장난스런 두 눈/ 그 순수의 눈으로/ 나도 다시/ 이 세상에 오리」라는 염원을 토로한다.

이러한 순수지향은 척박해져만 가는 현실에서는 돌이켜 지니기 힘든 인성의 보석이다. 이지영 시인이 아직까지도 초등학교 1학년 교실에서 「오늘은 또 무슨 꿈을 담아줄까/ 저 티없이 맑은 새끼양들에/ 곰곰이 행복에 찬 걱정」을 하고 있는 것이나 「아가야/ 너의 웃음은 신앙」이라고 천의무봉의 어린아이에게서 종교적 차원의 희열을 느끼는 것은 모두 그 지순한 심성의 표출이리라.

4

모든 것을 다 버리고 순수만을 찾는 시인에게 있어 마지막까지 남겨두어야 할 것은 무엇일까. 나는 이지영 시인이 그토록 자연과의 동화를 열망하고, 왜 사랑의 열도에 그토록 몸달아 하는가에서 그 해답을 찾게 된다.

비가 오는 날은
거리로 튀어 나간다
빗속에 비가 되어서
비로 걷고 싶어서

—「비가 오는 날은」에서

신선이 따로 있나 가슴 가득
산을 안고 산이 되어
산을 넘는데

—「춘동학 추갑사」에서

시인은 자연을 마주하면「이 절미한/ 섭리 앞에/ 무섭게 빠져든다」고 고백한다. 자연에의 경도는 현실혐오와 비례한다. 인간존재에게 있어 자연은 신성(神性)에 이르는 중도의 길이다. 자연에 대한 몰입은 이지영 시인으로 하여금 아예 〈나는 자연이고 싶다〉는 장명(章名)을 설정케 한다. 그 자연 속에서「사노라, 한 50년은 더럽혔을/ 세속의 이/ 발도 함께 씻으며」유유자적하는 시인이「봄은 어쩌자고 나로 자꾸/ 산란(産卵)케 하는지」라는 생식 본능에 눈뜰 때, 우리는 거기서 강력한 사랑의 존재를 확인케 된다. 물론 이지영 시인이 산란하는 것은 자연을 소재로 한 수많은 시편들이다. 그러나 그 자연의 시편들 속에서 가장 뜨거운 폭발력을 행사하고 있는 것이 바로 사랑의 감정임은 시인의 가슴 속에 아직도 꺼지지 않고 있는 열애의 불꽃이 강렬하기 때문이다.

동해 화진포
방파제 네모 턱을 치고
산(山)만하게 덮쳐와서
가슴까지 치고 있다

죽어도 잊지 못할
못다한 사랑 같은 게

왈칵 치솟으며
무섭게 몰려온다

— 「태풍의 바다」에서

폭풍의 강도에서 사랑의 격정을 전율하는 시인은 「사랑은/ 너무 가까이 있어도/ 아니 보이고/ 너무 행복하여도 불행한 것」이라는 반어법으로 사랑을 정의하고 있다. 30여 회의 이사를 한 그녀에게 있어 현실적인 사랑의 현장은 만남이 곧 헤어짐이었으리라. 「만남은 신이 주나/ 이별은 인간이 준다」는 그녀의 아포리즘에는 순애보적인 운명애가 깃들어 있다. 때문에 이지영은 사랑의 과정보다 사랑의 발화점, 즉 신이 제공한 사랑의 최초의 만남에 의미를 싣는다.

삶의
잡다한 것들은
다 집어치우고
오직 하나
저승에까지 가지고
가고픈 것은
'첫사랑!'
그 추억
하나뿐이라 했다

— 「장수의 비결」에서

불타다 타다
너무 가슴 뜨거워
속살로 깊이 들어와 박힌
가시 하나

한 잎 빠알갛게 응어리진
네 영혼
네 지조

바람처럼 파도처럼
일상에 매달려 와서
"좋아해요!"
"사랑해요!"
죽기 살기 어언 반 평생

— 「장미」에서

유년의 추억은 인생의 휴식처이고, 첫사랑의 추억은 노년의 휴양소다. 현실이 각박할수록 회상의 활력은 증진되며, 심신의 고달픔은 이를 더욱 소중하게 만든다.

인간은 누구나 추억의 초원에서 풀을 뜯고 있는 유한한 존재다. 생명의 유한성 때문에 추억은 값지고 아름다운 재산이 된다. 청춘의 샘이 마르고, 초원의 풀잎들이 시들면 상상력은 더 싱싱한 샘물을 퍼올려 초원을 적신다.

지천명은 인생의 가을이다.

이제 이지영 시인도 서서히 겨울을 준비해야 한다. 그것도 떠남이 아니라 익음이다. 흘러가는 모든 것은 가슴에 고이고, 잃어버린 모든 것들도 마음에 쌓인다. 그래서 가을은 완성된다.

시의 벌판에 가을이 지나면 긴 호흡의 나뭇가지에 매달렸던 산문적인 잎들도 떨어져 나갈 것이고, 끝내 아껴 두었던 결실의 마침표가 드러나리라. 나는 이지영 시인의 다음과 같은 시구에서 겨울을 이겨낼 수 있는 의지의 직립을 읽을 수 있어, 그녀에게 곧 새로운 시의 봄이 오리라는 것을 예감하게 된다.

아직은
오늘에 오늘이 서 있겠다
부지런히
못다 쓴 시 한 줄로
내가 온전히
나로 서게 해주오

— 「나를 찾아서」에서

이것은 문학과 인생의 겨울을 이겨낸 사람만이 할 수 있는 에스프리의 독립선언이다. 시의 독립은 나의 영토에서 나의 영혼으로 나의 노래를 부를 때 이뤄진다.

마침표가 없다는 단순한 사실에서 한 시인의 인생과 문학의 내면을 조명해 본 나는 이 시집 자체가 지금까지 찍기를 보류해 두었던 모든 마침표들을 한꺼번에 찍은 것과 같은 느낌을 받는다. 이제 이지영 시인은 자신이 지향해온 바의 영원하고 순수한 추억과 자연과 사랑을 위한 새로운 출발점에 서 있다.

시인의 앞날에 보다 완숙한 시의 결실을 기대하면서 첫 시집을 갖는 기쁨을 함께 나누고자 한다.

그리움, 그 永遠性의 귀족적 詩世界

金南雄
(시인·소설가·『문학21』 주간, 한국문인협회 경기도지회장)

序

이지영(李知暎)은 한 마디로 그리움의 시인이다. 그리움을 그리워하는 귀족적 시인이다. 항상 그리움을 물고 그리움을 마시며 그 그리움과 더불어 그리움의 삶을 산다. 범속(凡俗) 속의 귀족적 시세계(詩世界)다. 멋지고 아름답고 황홀하고, 때로는 슬프고 고독도 할 것이다.

그래서 그런지 이 시인을 볼 때마다 나는 늘 노천명의 사슴을 연상한다. 꼭이, 관을 향그러운 사슴 같은 그의 이미지가 너무도 닮아 보여서다.

그의 이목구비(耳目口鼻)는 늘 먼 산, 머언 하늘을 향해 열려 있다. 무엇인가를 끊임없이 동경하고 그리워하며 그 그리움에 노래 부르길 좋아한다. 이 시인의 이러한 형태(形態)는 결코 어제 오늘의 일이 아니다. 우연한 소산도 아니다. 그것은 분명 숙명처럼 이 시인에게 주어진 업보(業報)인 것 같다.

그것은 그의 첫 시집 「그리움으로 달려가 달빛처럼 젖고 싶다」나 이번에 다시 내놓는 두 번째 시집의 면면을 봐도 정말 그렇다.

이는 그가 얼마나 「그리움」 속에 사는 「그리움」의 시인인가를 이해하는 데 도움이 될 것이다.

그리고 중요한 것은 그것이 결코 일반적 세속의 병든 사랑놀음(?) 같은 그런 가벼운 「그리움」 운운이 절대 아니라는 점이다. 오로지 이상향(理想鄕)적이고, 현실적인 갈구와 갈증해결에 대한 고차원적 그리움이다.

1. 이상향(理想鄕)적 그리움

이지영(李知暎)은 꿈이 많다. 날마다 때마다 꿈을 꾼다. 꿈이 많기에 욕심도 많다. 그런데 그 욕심은 모두가 이상향(理想鄕)적 욕구(慾求)요, 향수(鄕愁)다. 그 끝없는 갈구가 바로 문제의 중심핵(그리움)이다.

빈 가슴
채우질 못해
가만히 바라보는 너의 눈

몸과 영혼 불태워
흑진주에 담아
깜깜한 밤하늘에 별로 뿌릴까

티끌 없는 한마음
늘 헐벗고 비에 젖어

내 빈 찻잔의 공허

채우질 못해
가만히 매만지는 침묵의 손

우선 이 시 「찻잔 앞에서」 하나만 보아도 시 속의 서정적 자아는 무언가 간절히 기도하듯 갈구한다. 그게 무엇일까? "빈 가슴/ 채우질 못하는"게 꼭 사랑만일까. 아니리라. "몸과 영혼을 불태우면서"까지 갈구하고 갈급해하는 것은 아마도 그보단 한 차원 더 높은 어떤 미지의 세계, 그 어떤 이상향에 대한 바람, 동경, 갈망 같은 바로 그런 것이 아닐까 생각된다. 그것은 다음의 「어떤 詩人」을 내밀히 관조해 보면 좀더 쉽게 이해할 수 있을 것이다.

깊은밤
푸른 기차를 타고
시의 마을까지
백년이 걸린다는 시인

〈중략〉

뼈만 남은 대나무에
마디마디 펜촉을 찔러
아픔을 쓰고
눈 멀고 귀 먼 돌 되어
돌 속의 고요에 삶을 파던
시인

〈하략〉

이 시도 역시 시의 영원성, 성공적인 시탑을 쌓기 위한 기인 여정을 노래한 이상향적 시다. “백년이 걸려서라도” 그 어떤 “시의 마을까지” 꼭 가보고 말겠다는 화자(話者)의 갈망(渴望)이 적극적으로 읊조려졌다.

그만치 시작업(詩作業)의 길이 힘들고 자기를 깎는 아픔이지만 끝내 그 목표점(頂上)까지 도달하고 말겠다는 화자 자신의 야무진 의지의 표현이다. 비장하다. 든든하다. 반드시 보람을 낳으리라는 기대다.

“늦꽃 같은 시인의 폭풍적 광인 같은 시작활동”이라고 높이 칭찬하고 싶다. 이러한 이상향적 추구는 오랜 기다림을 거치며 인내에 인내를 더하고 있다.

비가 오는
수요일은
빨간 장미를
안겨 주세요

〈중략〉

누군가
말없이 문득 찾아오는
날을
사흘이 멀다하고
일년을 하루같이
그렇게
그렇게 기다림 해요

—「기다림」

가슴 속 무언지 모르는
한덩이 구름
시도 때도 없이
뒤척인다
손 내밀어 잡을라 치면
세월 건너뛰어
어긴 약속
그리움도 서툴러
달아나 버리고

〈하략〉

— 「그림자」

이 외에도 「몇 줄의 시를 붙잡고」「연가」「사랑」「아르르의 섬」「겨울 여행」「몽유(夢遊)」 등 여러 작품들이 바로 이런 류(類)다. 그리움은 기다림이라는 「그리움=기다림」의 공식을 합법화(?)하고 있다.

이것들은 대체로 특별한 기교(技巧)나 꾸밈은 없다. 그저 일상적인 시적 대상과 언어로써 정확한 효과를 획득하며, 개인적인 제경험들을 인식(認識)의 단위로 단순화 시키고 재구성함으로써 스스로를 재발견하고 진정한 자아(自我)를 확보하려는 노력을 보이고 있을 뿐이다.

그러나 바로 이런 점에서 이 시들을 높이 산다. 진부하고 진솔하다. 이지영의 시세계가 돋보이고 한결 고귀함과 우아함에 신비로움마저 갖게 하는 매력은 바로 여기에 있다. 무언가 동화 속의 마법에서나 나올 법한 묘한 연기가 솔솔 난다. 오롯이 은은하다. 이 향(香)이 이 시인 특유의 시혼 같다. 신비롭고 안온하다. 향불 같은 어떤 괴력이 있다. 이처럼 그는 질긴 갈구와 갈증을 잘 승화시킨다.

때문에 일 것이다. 원로시인 조봉제 선생이 그를 "끝없는 갈구와 갈증의 시인"이라고 못박은 것도…… 단언하건데 이 시인에게 있어 「갈구」가 영적, 영구적 이상향에 대한 그리움이라면, 「갈증」은 결코 외면할 수 없는 인간적, 현실적 삶에 대한 추구와 꿈과 사랑에 대한 열망이라 말할 수 있으리라.

그리고 그것은 이 땅에 발 붙이고 있는 한은 영원할 것이다. 첫 시집에서 「마침표의 詩學」이라는 타이틀로 작품해설을 썼던 김대규(金大圭) 시인도 해설 말미에서 "이지영의 시들은 문학과 인생의 겨울을 이겨낸 사람만이 할 수 있는 에스프리의 독립선언 같다며, 그것은 나의 영토에서 나의 영혼으로 나의 노래를 부를 때까지 마침표 없이 계속될 것"이라 했다. 모쪼록 이 시인의 노래(그리움)가 영원하기를 빈다.

2. 은근한 시어(詩語) 구사력(驅使力)

다음으로 이 시인의 시들에 대한 첫인상은 자연스런 세련미다. 시어들이 하나같이 절묘하게 결합돼 있다. 은근하고 다정다감하다. 구사력이 좋다. 작품 경향도 대체로 범상한 일상(日常)을 소재로 단아한 언어, 억지없는 가락들이다. 장황한 수식어도 아예 없다. 그러면서도 삶의 애환을 표현하며, 사물을 유정한 것으로 형상화하는 데에 성공했다. 엄정한 언어의 구사로 표현의 리얼리티도 뛰어나다. 몽롱한 환상과 꿈을 여백으로 두는 탁월함도 돋보인다.

〈전략〉

바람에 날리는 꽃씨들이여
그대는
계속되는 삶의 노래들인가
꽃이 지는 이 아침에
나는 그저
빈 찻잔 들고
유한(有限)의 세월을 바라볼
뿐이러니……

— 「꿈」

〈전략〉

한 중년 사내와 젊은 사내가
단골처럼 비를 맞으며
그러다 여자의 몸에
다시 녹단풍 잎으로 돋아서
빗줄기와 함께 반란을 일으키면

한 여자는 홀연 어디론지 사라지고
녹단풍만 남아 빗줄기에 젖고 있다
끝없는 갈증의 나이를
또다시 거세게 역으로
되올라야 하는 듯

— 「젖은 날의 日記」

〈전략〉

꽃숨결 흔들리는 불빛
떠날 때는 없다

갇힌 노을이 몸부림치다가
어두운 영혼들이 출렁이다가
수많은 진통 후 조금씩 열리는 문
아랫물이 보인다

〈후략〉

— 「닫힌 화로」

〈전략〉

무한대의 과학에
발목 잡히는 호출

하얀 과핵 속
까만 씨방에서
울려 퍼지는
화음

— 「대칭」

지층 깊이 묻어둔
초연(初戀)을 꺼내어
추억의 우물을 판다

몇만 미터 가슴 속
깊이 묻혀 있는
추억의 은광(銀鑛)

〈후략〉

— 「추억의 샘」

위의 몇 예만 봐도 대강은 이 시인의 이런 내면을 쉽게 들여다볼 수가 있다. 이렇듯 그는 현실과 자아(自我)를 날카롭게 직시하며 예리한 지성(知性)으로 뒷받침한다. 그 속을 넘나드는 정서의 순수성은 지극히 순수하고 고아하다.

「젖은 날의 日記」는 특히 이 시집의 제호로 내걸었다. 수록작품 전체의 얼굴 노릇을 하고 있는 대표작의 하나이기 때문이다. 현대적 감각과 기교가 비범하고 그 이미지가 비온 날의 수채화처럼 가슴에 진하게 전해온다.

「추억의 샘」은 그의 시의 원천이 되겠지만, 현대를 살고 있는 사람들이 목마를 때 찾아가는 샘물도 될 것이다.

달리, 「대칭」에서 보는 바 이지영은 자기만의 독특한 비법인 양 병치(倂置) 또는 병렬(竝列)의 묘수를 곧잘 두고 있다. 우선은 제목 자체도 「대칭」이지만 이 시 속의 「세월」과 「인간」 그리고 「절대적인 군주」와 「내대」, 거기에 「내각 밖」과 「하얀 과핵 속」 등은 절묘한 대칭들이다. 놀라운 형이상학(形而上學)을 발견케 한다.

또 그 비유적 병치나 상반되는 조어법 등은 일종의 충격을 갖게 한다. 또 하나 아래의 「새」라는 시를 보면 또 다른 형이상학적 기상(奇想)에 뜻밖의 새맛을 느끼게 된다.

살아 있음의 확인이다
너여

비상(飛翔)의 네
천상을 오르는 그
자유로운 날갯짓

〈중략〉

그대 이리 오렴
이리와 나로 새 되게
하라

—「새」

이러한「기다림」의 기법과 발상들은 곳곳에 산재한다.「흔적 Ⅰ·Ⅱ」가 그러하고「눈꽃」이며「봄바람」「가을은 Ⅰ·Ⅱ」등등이 대체로 그러하다.

거기에 현존(現存)의 삶과 자연 인연(因緣)을 연민 쪽에서 관조하고, 순결무구한 사랑, 영혼의 그리움을 전형적인 낭만성과 함께 서정적으로 수용하는 자세도 자못 훌륭하다. 어쩜「그리움」과「기다림」그것은 곧 우리 인생의 영원한 친구가 아닐까 생각된다.

3. 감각적·환상적 이미지의 송가(頌歌)

이지영은 이미 50을 넘어선 중년의 중견이다. 문단 나이는 아직 새파랗지만 그 작품성은 중년을 넘어선 중견 중의 중견이다. 주제가 분명하고 튼실하니 믿음직하다. 특히 감각적·환상적 이미지는 눈부시다. 5부의「몽유(夢遊)」같은 작품을 한번 눈여겨보자.

> 달빛이 시퍼렇게 쏟아지는 겨울 밤, 한 영혼이 깨어 달려 나간다. 고요한 강언덕을 올라보니 강물은 잔잔하고, 숲이 있는 산속을 헤매어도 푸른 산죽(山竹)만 흔들거린다. 이제 작은 발길질은 통하지 않는다.
> 문을 쾅쾅 두드려도 무감각이다. 을씨년스런 회오리바람뿐인 채. 눈발이 번득이는 허허벌판을 지나 깊은 숲에 들면 대숲과 산짐

승들의 처절한 울음을 만난다. 더하여 차가운 이성의 옷을 벗어 던진다. 실오라기 하나 걸치지 않는다. 의식속의 무의식, 무의식 속의 의식—

〈후략〉

—「몽유」

"이 시는 「詩는 이미지」라는 것을 잘 보여준 작품이다. 몽유라는 제목 아래 고요의 세계에서 출발한 달빛 이미지는 한 영혼의 깨어남을 싣고 생동감 있게 달려간다. 눈발이 번득이는 허허벌판을 지나 이성의 옷을 벗어던진다. 이성, 타성을 다 벗고 폭풍의 언덕으로 독자들을 몰고 간다. 독자들에게 신선하고도 시원한 공간과 움직임을 보여준다는 것은 내면의 성실성에서 비롯된다. 스펙터클을 보고 느낀 감동의 여운이 사람들을 웃게 하고 활력을 준다. 「몽유의 밤」과 산짐승도 객관적 공감을 얻으며, 옷을 입고 긴 동면을 하고 봄을 기다리는 시적 장치가 극적이다. 여운과 함께 극적 재미와 신선한 이미지가 감각적이고 환상적이다."

이것은 『한맥문학』 4월호에 게재된 시월평이다. 이 시는 어떤 허무의 그림자들을 화자의 직관과 인식작용으로 「자기 소리」화 했다. 이를 고도의 아름다움으로 구체화시키고 있다. 또 하나 그의 시는 사물에 대한 현대적 분석이 많다. 그리고 그에 의한 갈등과 모순의 이미지도 곧잘 그린다. 그러나 그보다는 자연의 아름다운 생명의 미동을 잘 포착하여 따스한 정서로 감싸기도 한다.

이 시인의 이러한 화법(話法)은 이외 「가을은 I · II」 등등에서 더욱 발전한다. 한 폭의 그림이다. 그런데 이상의 시품(詩品)들이 이렇듯 환상적 이미지로 분위기를 이끌어가는 것은 이미지와 이미지의 접합(接合)이 이루어주는 유니크한 기법 때문이기도 할 것이다.

또 하나 이지영 시의 중대한 변모는 여류시인으로는 보기 드문 현실 참여적 비판적 전환이다. 먼저, 다음 두 세 편의 예시를 보자.

이 무슨 코미디인가
바보 상자 속에서
지체 높으신 분들은 은팔찌
흰 수의에 통고무신 신고
〈중략〉

"이건 뇌물이 아니다
떡고물이다
아니다 통치자금이다"
"12 · 12는 우발적이다
광주사태는 나도 모른다"
〈후략〉

— 「대통령의 코미디」

정치꾼은 도둑놈
바람잡이
폭군에 아첨꾼에
빛깔 고운 카멜레온

쟁이 쟁이
유명한 쟁이기도 한
뺑쟁이 거짓말쟁이
담 넘어가는 백수 능구렁이
〈후략〉

— 「비자금」

<전략>

무쇠 자물통인가
정치 거목들이 서릿발로 떨어지고
천문학적 숫자는
몸체 속에 꽁꽁 숨어
깃털만 풀풀

진실의 해법은 안개
숲으로 가도 숲은 보이지 않아
봄날 안개 속 나무로 서서
<후략>

—「안개 속 나무로 서서」

이상 3편만이 아니라 「큰바위 얼굴」「이 시대 까치」 등 곳곳에서 내면의식의 지성적 천착을 기반으로 하여 사회적 관심을 절제된 언어의 감각적 이미지로 표현하였다. 이는 종내의 고전적 전통성의 서정성(抒情性) 일관에서 탈피하여 현대적 내면성(內面性)의 지향으로 시의 본질적 추구 내지는 시인의 막중한 사명감(?) 같은 걸 느끼게 한다.

차제에 시인이야말로 이 시대 최후의 보루요, 정의의 사도라는 자부와 긍지를 우리 모두 가져야겠다. 이 시인은 바로 이런 점을 간과치 않았다. 해서, 역사적 현실과 존재론(存在論)적 이상(理想) 사이의 긴장을 시도했다. 존재의 새로운 차원을 확립하려 나름대로의 목소리를 내려고도 발버둥쳤다. 이는 곧 존재(存在)의 탐구와 자기(自己) 구원의 세계를 높은 시정신의 탁마(琢磨)로 구해보겠다는 시인 자신의 엄숙한 결의가 아닐까 추측하게도 한다.

結

각설하고, 시의 본 고향은 뭐니뭐니해도 서정성(抒情性)이다. 지적(知的)이니 철학적(哲學的)이니 하는 것들도 어디까지나 이것(고향)을 모태로 하여 시작돼야 한다.

그렇듯이, 이지영(李知暎)의 시도 궁극에는 서정시로 귀결된다. 그래서일까, 아직도 초기의 곱고 맑고 밝기만 한 심성을 여전히 아름답게 유지하고 있다. 섬세하고 부드럽고 절도 있는 언어들로 노래하는 주정적 서정시를 즐겨 쓰고 있음에다.

다만, 이번의 제2시집에서는 그것을 언어로만 노래하려 하지 않고, 이데올로기와 메타포로 노래함으로써 한결 중후 한, 또 다른 지적 미를 음미케 한다.

대체로 잘 계산된 메타포를 적절히 구사함으로써 시를 초기의 평면적 미학에서 입체적 미학으로 끌어 올렸다.

그리고 이지영 시의 정신적 지주는 카톨릭(기독교)의 사랑과 인내와 계율이 아닐까 한다.

따라서, 그의 시 대부분엔 영적인 절규와 외침이 알게 모르게 숨어있는 것도 사실이다. 때문에 우리는 그의 시작품들 속에서 그의 향기를 자주 흡인케 된다. 물기 젖은 짙은 인간적인 목소리에 젖게도 되고, 언제나 사랑의 긍정과 호혜(互惠)의 윤리에 취하게도 된다.

여보게!
해가 지네
해가 져
해가 뚝!

여보게!
달이 떴네
달이 떴어
꼭 해만한 달이
맞은편에 금세 떠!

죽은 사람 되살아나
붉은 심장 파먹고 있네

—「서산 마루에 서서」

끝으로, 지천명(地天命)을 넘어선 이지영의 시세계는 스스로 인생달관의 경지에 서 있다고 찬탄하고 싶다. 「인생의 서산마루」에 자신을 세워 놓고 "해가 됐다 달이 됐다"한다. 존경스런 삶의 진면목이다.

이렇듯 이 시인은 생의 한 절정에서 바야흐로 향그러운 삶의 향(香)을 계속 지핀다. 시(詩)로 삶으로 영혼으로 — 그의 눈과 귀와 코, 그리고 그와 연관된 모든 지체에서 빛이 나고 있다. 소녀처럼 맑고 밝은 푸르른 빛향기다. 별떨기 같고 진주떨기 같은 수사학적인 세련미로 극치적 섬광을 만끽케도 한다. 섬세한 감성과 함께 표출되는 사상성(思想性)은 의식세계(意識世界) 내지는 현실과 대결하는 강인한 정신운동(精神運動)의 선구적 위치에 있음도 믿어 의심치 않게 한다. 실로 극명(克明)하다.

앞으로 이지영 시인의 앞길에 보다 이상적 영광 있기를 덧붙여 빌며, 감히 주언번 지껄였음을 용서해 달라.

훈훈한 휴머니티와 사랑의 시 세계

― 이지영의 세 번째 시집 『꿈꾸는 밀어』를 위한 코멘트

김 경 린 (한국신시학회 회장)

1. 머리말

이지영 시인은 불문학을 전공한 문인으로서 현재 초등학교 교사다. 그래서인지 남달리 교육에 대한 열정과 사명감이 특이한 교육자다. 그러한 그로부터 분필가루에 응고된 고정관념 같은 것을 느끼지 않고 훈훈한 모성애와 같은 휴머니티를 느끼는 것은 무엇 때문일까. 그것은 그가 사랑이 가득 찬 시선으로 사물을 보고 감성을 느끼고 관찰하는데서 오는 시적 감상의 유추 현상임이 분명해 보인다.

따라서 그의 시 세계 또한 휴머니티의 심연에서 우러나오는 아름다운 서정성이 넘쳐흐르는 것은 지극히 자연스러운 일이다. 이번 시집에 포함된 70여 편의 시 작품들이 이를 충분히 입증하고 있다. 그의 시 세계에 대해 요즈음 세계적으로 새로이 논의되고 있는 '의식주의'와 '기호론'을 염두에 두면서 잠시 엿보는 것이 좋겠다.

2. 훈훈한 휴머니티가 유추하는 시 세계

이지영의 시 정신은 오늘의 현실과 사물을 사랑의 시각으로 마이크로하게 관찰 분석하고 있다. 특히 시적 감흥을 통하여 인간의 참된 삶의 의지를 메타파 하려는 경향이 농후하다. 그의 훈훈한 휴머니티의 정신에서 샘물처럼 우러나오는 언어들이기에 더욱 소중하게 느껴지는지도 모른다. 「가시에 감기는 꽃잎」의 시 세계에서 이를 더욱 감지케 한다.

온 산을 흔들며
너를 피웠었지
하루에도 수천 번 너를 부르고
너외에 아무 것도 볼 수 없었지
가시에 감기는 꽃잎들
한 잎 한 잎 무너져 내릴 때에야
비로소 나는 알았지

이별은
이별로부터 시작되는
가장 아름다운 사랑의 흔적
기쁨이었으므로
결코 지워지지 않는
추억이던가 기억
오랜 꽃향기로
남아 있다

— 「가시에 감기는 꽃잎」의 2, 3연

이러한 이미지 라인이 내포하는 시 세계는 온 산을 흔들며 피었던 꽃을 지나치게 사랑한 나머지 끝내는 나뭇가지에 감기며 한 잎 두 잎 떨어져 가는 애처로운 모습에 대한 시인의 감성을 여실히 표현하고 있음이 분명하다. 그런데 이러한 이미지 라인은 단순한 꽃잎에 대한 리얼리티라기보다는 그가 지극히 사랑하는 사람들이 오늘의 변화무쌍하고 불확실한 현실을 헤엄치며 살아가는 모습을 은유하고 있음이 분명해 보인다는 것이다. 이는 그의 시 세계의 바탕을 이루는 의식세계에 도사리고 있는 휴머니티를 통하여 사물을 관찰하고 이를 시적 모티브로 승화하는 데서 오는 유추현상임이 틀림없는 것이고 보면 그의 교육자적 인간관도 아울러 감지케 함은 물론이라 하겠다.

또한 표현기법에 있어서도 여러 가지로 주목을 끌게 한다. 첫째로 '사람들'을 '꽃잎들'로 은유하였다는 것은 확실히 상징주의적인 요소가 강하다는 것이며, 둘째로는 '가시에 감기는 꽃잎'의 라인은 '기호론'적인 입장에서 음미를 요한다는 것이다.

'가시에'+'감기는'+'꽃잎'의 라인은 '환유'의 비유법에 속하는 것으로써 '오늘의 변화무쌍한 현실 속에서 몸부림치는 사람들'을 비유하는 환유의 기법에 속하는 것이 분명하다. '직유'와 '은유'는 유사성 등가 표시로써 비슷한 사물로써 비교 표현하는 것이지만 '환유'는 비유사성 등가 표시로써 전혀 다른 이미지를 불러 온다는 것이 특색인 것이다.

3. 자연 속에서 사랑의 심연을 찾으려는 자의식의 시 세계

그의 시적 모티브의 특색은 자연을 통하여 사랑을 찾으려는 경향이 농후한 것으로써 인간은 자연에서 왔다가 자연으로 돌아간다는 생태학적인 측면에서 볼 때 지극히 자연스러운 현상이기도 하다.

'가을 편지' '불꽃 장미' 등 많은 시 세계에서 그러한 현상을 나타내고 있음을 본다.

갈잎 단풍 이부자리를 깔고 누워
한 해에 한 번 찾아와 주는
가을 편지를 읽는다

마른 잎 하나
너를 받으려고 지난 여름은
그리도 어수선히 흔들렸던가
이 가을 빈가슴 열고
촉촉이 너로 채운다

— 「가을 편지」의 1, 3연

이러한 이미지 라인들은 한 해에 한 번 찾아오는 '가을 편지' '낙엽'을 애타게 기다리고 그로 인하여 희열을 느끼는 심리 상태를 시적 감흥으로 승화시키므로써 사랑을 갈구하는 심적인 세계를 융화 관념화하고 있음이 분명해 보인다. 그것은 그의 의식 속에 은거해 있는 휴머니티에 기저를 둔 사랑의 원동력을 통하여 사물을 관찰하는데서 오는 유추현상임이 확실한 것이다. 그러한 현상의 원동력은 우리의 인간에게 사랑이 있으므로 해서 변화무쌍하고 날로 폭풍이 몰아치는 현실 속을 살아가는데 있어서 무한한 힘을 발휘할 수 있는 근원을 가져오는 것이다.

표현기법에 있어서도 흥미를 끄는 부분이 있다. 예를 들어 '갈잎 단풍 이부자리 깔고 누워/ 한 해에 한 번 찾아와 주는/ 가을 편지를 읽는다'의 라인은 확실히 재래의 서술적인 표현과는 달리 은유의 기법을 혼용함과 아울러 감각적인 이미지 라인을 구축하여 신선미를 주고 있다.

4. 시대감각적 의식을 바탕으로 하는 시 세계

시대감각을 바탕으로 하는 의식세계에 기저를 둔 작품들이 또한 우리의 시선을 끌게 한다.

달동네에서
지하로 옮기며
용케도 잘 피해왔다
고추밭을 수해로 날리고
범람의 강물에
아들을 잃었다
이정표가 사라져 버렸다
소리없이 목을 조여오는
저 광기에 춤을 추고
어디에고 설 땅은 없다
그래도 빈몸으로 왔다가는
세상이기에
따뜻한 햇살에 몸녹이고
깊은 사랑의 눈빛
기억하며 마음을 비운다

— 「아이 엠 에프 안개」의 전문

이러한 시 세계는 시대감각을 바탕으로 현실을 직시하면서 시인의 형이상학적인 신념을 통하여 모티브를 융화하고 이미지화 하고 있다. 이러한 표현들이 오늘의 험준한 현실 속을 헤엄치며 살아가려는 우리들에게 깊은 감명을 주는 것인지도 모른다.

특히 우리의 주목을 더욱 끄는 것은 과거의 민중파 시인들은 이를 계급의식으로 고취시켜 이데올로기화 함으로써 숭고한 시 정신을 어떠한 목적의식에 편승화하려는 경향이 있었다. 그러나 이지영 시인은 이를 휴머니티에 의한 사랑의 시각으로 돌림으로써 순수시의 세계를 구축하였다. 이것은 시인으로서의 고귀한 에스프리를 유감없이 발휘한 것이라 하겠다.

5. 현대 도시문명에 대한 저항의식의 이미지들

현대의 도시문명에 대한 저항의식을 보이고 있음도 주목해야 할 일이다.

원시림이 그리워
도심의 숲속을 찾고 있었지
푸르른 나무들은 무성했지만
이미 산소가 죽고 없었어
생리주기로 오는 권태
문명이란 심각한 죽음 같은 것
산소를 충전하여야
숨쉴 수 있는

이 도시 유령들의 집
윙윙 칼바람만 춤을 춰댄다

안개 속 노닐던 산짐승들
어디로 갔나
유랑의 여자
작은 나무로 서성이는
텅 빈 도심의 숲 속

숲 옆으로 무심히
무서운 자동차들이 질주한다

— 「도심의 숲 속」의 전행

이러한 현상은 19세기 중엽의 산업혁명 이후 급속화와 도시화 과정을 거쳐 현재의 정보화 사회에 이르면서 도시의 과도한 인구집중에 따른 심각한 공해문제를 제기하는 것으로써 우리의 주의를 환기하고 있는 것이다.

그런데 놀라운 것은 이때까지 자연파 시인들은 자연의 아름다움만 노래해 왔을 뿐 아름다운 자연이 도시공장의 건립에 무참히도 손상되고 도시의 아황가스 등에 의하여 자연이 잠식당하고 고갈되어 가는 현실을 작품 속에 노래한 적은 없었다. 그러한 현실 속에서 이지영 시인의 시에서 도시공해에 대해 아픔을 절실히 노래하고 있음은 우리의 감명을 깊게한다.

6. 종합요약과 결론

이때까지 이지영의 시 세계를 살펴보기 위하여 무작위로 추출된 4편의 시 작품에 대하여 나름대로의 시각을 통하여 분석을 시도해 봤다. 이를 종합적으로 요약하면 다음과 같은 결론에 도달한다.

첫째로 의식적인 면에 있어서는 그의 체질화되다시피 되어 있는 휴머니티에 기저를 둔 사랑의 심연과 형이상학적인 신념을 바탕으로 사물을 보고 느꼈다는 점을 감성화시켜 시적 감응을 충분히 응화 관념화하는데 의식적인 프린시플을 두고 있다는 것이다. 따라서 어떠한 사물이든 표피적으로만 보지 않고 의식세계에 침투시킨 다음 충분히 여과작업을 거치는 과정을 밟는다는 것이다. 그런 까닭에 그의 시적 이미지는 훈훈한 감성을 느끼게 한다는 것이라 하겠다.

둘째로 기호론적인 방법론에 있어서는 재래적인 리얼리즘과 아울러 직유와 은유는 물론 환유의 기법도 구사함으로써 이른바 '기호론'에서 말하는 '의사소통의 원할'을 기하려는 시도를 보이고 있다는 것이며 때로 신사실주의의 방법으로써 사물을 과학적으로 분석하면서 거기에 예술적인 요소를 가미하려는 새로운 리얼리즘의 방법도 아울러 시도하는 흔적을 보이고 있다는 것이다.

따라서 이지영의 이번 세 번째 시집 『꿈꾸는 밀어』는 그의 시 세계를 더욱 발전시킨 모습으로 우리에게 보여준 것이다.

끝으로 부연하고 싶은 것은 앞으로 이지영의 시 세계가 더욱 발전하기 위해서는 현재의 의식세계를 바탕으로 날로 변화를 거듭하는 시대감각을 좀 더 민감하게 감지함과 동시에 객관적인 시각에서 사물을 감성화하고 최근에 새로이 대두되고 있는 언어의 '기호론(Semiostics)'에도 관심을 가짐으로써 좀 더 참신한 시적 이미지의 세계를 구축하는 것도 좋으리라는 것이다.

불타는 '그리움'의 色 젖은 詩夜作業

— 이지영 제4시집「가까운 사람아, 먼 사람아」中心

申 世 薰 (詩人·중앙대 강사)

1

律坤 李重宰(한국 상고사학회 회장)는 '老子道德經' 제53장 '夷道章'을 번역 · 해설하다가 문득 '큰도를 통하'자면 '몇 가지 조건이' 있다고 했다. 그 조건은 첫째 '天以知之'(하늘의 명을 받고 태어나야 한다), 둘째 '生而知之'(조상의 善靈을 받고 태어나야 한다), 셋째 '學以知之'(배움으로 열심히 전념해야 한다), 넷째 '坤以知之'(피나는 정진과 노력이 뒤따라야 한다), 다섯째 '丹經萬誦'(경전같은 양서를 만 권 정도 읽고 외워 끊임없이 학업을 닦아나가야 한다), 여섯째 '氣候調節'(환경 기후조건이 알맞아야 한다. 즉 북위 30도~40도 사이 온대 지역: 평양 ↔ 목표 사이: 감숙성 수미산 · 산동성 泰山 등 대륙 중상부 지역), 일곱째 '强健忍苦'(강한 정신과 건강이 뒤따라야 한다), 여덟째 '俗世無情'(세상과 인연을 끊어야 한다), 아홉째 '無食飢死'(먹을 게 없더라고 굶어죽는다는 각오가 서있어야 한다), 열째 '一生無華'(평생 좋은 일, 바라던 일, 빛나는 일 들이 없어도 좋다는 결심이 서있어야 한다)이다.

가령 시인이 되는 길도 도통 수련 길이라 생각한다면, 위와 비슷한 조건이 따라야 할지도 모른다. 뿐만 아니라 여기에 더 얹어 문화 감각적 민족의 정신뿌리를 확실히 파악하고 있어야 할 것이다. 한민족의 시인이라면 우리들의 조상이 아브라함이라 생각해서는 안 될 것이다. 무슨 시를 쓰든 시인은 그 민족의 지성이므로 그 민족의 문화와 역사뿌리를 파악하고 있어야 한다는 얘기다.

동양 고대사 부문의 중국 최고 학자 중 한 사람인 何光岳('淡黃源流史' 저자 · 악양현 출신)도 '염황 원류사'(염제 신농씨와 황제 역사) 서문에서 '중국 대륙은 조선'(中國大地的朝鮮)이라 했다. 한민족의 조상은 帝釋桓因氏(BC.8937) → 有巢桓雄氏(BC.3898)의 단군조선 1 · 2기 → 제3기 요임금(陶唐氏 BC.2357)으로 이어왔다. 즉 桓雄氏 이후 伏羲氏(BC.3512) → 炎帝神農氏(BC.3071) → 黃帝有雄氏(BC.2676)의 아들이자 신라의 시조 아버지인 少昊金天氏(BC.2578) 그리고 黃帝의 손자인 高陽氏(BC.2554)로 내려왔다. 고구려 시조이자 요임금 아버지 高辛氏(BC.2476) 이후 堯 → 舜 → 夏 → 殷 → 周 → 秦七雄 → (韓 · 趙 · 魏 · 燕 · 楚 · 齊 · 秦) → 漢과 고구려 · 신라 · 백제 3국 및 宋—唐—高麗—明—淸……들 중원대륙 모든 나라는 朝鮮이 근본이었다. '朝貢'이란 말 역시 '조선에 바친다'는 뜻이다. 何光岳 뿐만 아니라 북경대 고고학 교수 嚴文明(仰韶文學硏究)도 '대륙은 모두 東夷文化임'을 밝혔다. '山海經'이나 '한民族史' '上古史의 새 發見'(이상 李重宰의 해설 · 저서)에서도 고대 중국은 조선임을 확실히 고증하고 있다. 老子도 '큰도는 東夷 백성들에게 어울리는 좋은 것'(大道甚夷民甚好) '조선은 사상이 매우 깊고 무거워 다스리기가 불편해 苗族들은 더욱 농사에만 힘썼다'(倕朝甚除田甚苗)고 '道德經'(제53장) '吏道章'에서 말했다(이상은 李重宰의 '老子道德經' 해설에서 발췌 · 인용함).

적어도 한국의 시인이라면 우리 민족의 역사와 문화의 뿌리에 대해 위와 같은 상식 정도는 알고 시를 써야 한국이 낳은 '참시인'이라 할 것이다. 그러나 오늘의 한국 시인들은 우리 한민족의 역사 · 문화 · 전통 정신에 대해 바로 아는 이가 별로 없다. 지금 내가 해설을 쓰고자하는 이지영 시인의 '사랑시' '그리움시'에도 그런 뿌리 문화 정신 바탕이 아주 얇다는 것을 전제로 하고나서 이 글을 시작한다.

2

이지영은 '……영혼을 울려줄 한 편의 시를 쓰고 싶다'고 제4시집 '시인의 말'에서 말했다. '시대를 초월한 맑고 순수한 시를 써서 사랑하는 이웃과 호흡을 같이 하고 싶다'고도 했다. 그러자면 민족의 영혼과 역사 미학 언어와 문화 정신 시어를 소월(김정식)만큼이라도 꿰뚫고서 있어야 할 것이다.

그의 첫 시집 『그리움으로 달려가 달빛처럼 젖고 싶다』(1995 깨침의 소리 · 변형 국판)와 제2시집 『젖은 날의 日記』(1998 문예사조)에서도 '그리움'과 '젖고 싶다' '젖은 날' '달빛' '일기'가 맨 앞면에 등장한다. '그리움'은 그녀 시집의 주제다. '젖고 싶다' '젖은 날'은 화자의 감정 그래프다. '달빛' '일기'는 시의 배경을 이룬 '自然'이다. 말하자면 '自然'을 배경으로 '그리움'(사랑)을 촉촉이 읊어나간 시모음집이다. 더구나 제2시집은 '고독한 빈가슴을 채워주는 시모음'이라는 부제가 시집 제목 밑을 장식하고 있다. 그래 그녀는 항상 불타오르면서도 목말라 있는 시인으로 짐작된다. 그 뒷받침인 듯 그 역시 '그 젊은 날, 여자로서의 기다림과 그리움, 삶의 환희와 절망, 주체할 수 없던 인생의 고뇌들을 아름답게 노래하리라.'(시인의 첫 시집 '自序'에서) 했다.

金大圭도 그의 첫 시집 해설에서 그에게는 '……시에 대한 사랑의 삶으로 받아들여졌다'고 쓴다. "총체적 느낌은 '추억 여행 · 자연 귀의 · 감성 수련'이라는 덕목들로 집약되었다"고 덧붙였다. 계속하여 그의 시를 '자전적 진실성' → '체험 현장 전면 돌출' → ('사실성에 입각한 발상의 틀') → '아직은 마침표를 찍을 수 없는 시와 인생' → ('추억의 타래를 갖고 있다') → '방랑혼에 깃든 귀소 본능' → '정서의 자화상적인 특징'('자전적인……') → '순수만을 찾는 시인'('달관의 인생') → '자연과의 동화를 열망'('사랑의 열도에 그토록 몸달아 하는가……') → ('열애의 불꽃이 강렬') → ('반어법으로 사랑을 정의') → ('신이 제공한 사랑의 최초의 만남에 의미를 싣는다') → '지천명은 인생의 가을' '이지영 시인도 서서히 겨울을 준비해야 한다'('익음이다') → ('그녀에게 곧 새로운 시의 봄이 오리라……') → ('에스프리의 독립 선언이다') → '추억과 자연과 사랑을 위한 새로운 출발점에 서 있다'고 평가했다(이상 金大圭의 이지영 첫 시집 작품 해설 "'마침표'의 詩學"에서 발췌 · 인용함).

金南雄은 이지영 그의 첫 시집 발문을 썼다. '그의 삶은 한 편의 잘 다듬어진 서정시 그대로이다' '순수와 신비를 빼놓고는 그를 볼 수가 없다' '소녀 적부터 이지영은 天性이 시인이다. 무엇이든 본 대로 느낀 대로 시를 낳았다.…… 중년에 들어선 그의 시는 나날이 완숙하고 중후하다.…… 맑고도 뜨거운 강! 그는 그런 강을 안고 산다.…… 사랑과 진실이 여기에 충일하다. 이것이 이지영 시의 근원을 이룬다.'(金南雄의 이지영 첫 시집 발문 '영원한 환상의 실루엣' — '詩人 李知瑛을 말한다'에서).

이지영에 대한 金大圭의 '작품 해설'이나 金南雄의 발문엔 나도 공감한다. '자연'을 배경으로 한 '순수 에스프리'의 '사랑시' — '추억'과 '그리움'의 정서 표현들에 전적으로 손들어 공감한다. 金昌稷도 그의 제2시집 '序文'에서 '순수성'을 무척 강조했다. '언제 어디서 보아도 몸 전체로 풍기는 그의 순수성은 티없는 10대의 소녀같아……' '이러한 순수성이 바로 이지영 시정신의 광활한 지평을 여는데 넉넉한 소양이 되었으리라 믿는다.' '사랑은 예컨대 서로 끌려가는 에너지…… 혼자서 배란하고 동천의 달이 불러오는 것' '허전한 마음, 가슴의 공허함을 노래한 시' '이지영 그는 이제 자신만의 체험 · 의식 · 정서 · 언어의 독자성을 가지고 시의 준령을 오르기에 여념이 없다.…… 그의 일관된 순수성은 기필코 코스를 답파하고야 말 것이다.'(金昌稷의 이지영 제2시집 '序文'에서)라고 그의 '순수 에스프리'를 격려해 주고 있다.

그의 제2시집 '작품 해설'을 맡은 金南雄은 李知瑛을 첫줄부터 '그리움의 시인'이라고 못을 박았다. '항상 그리움을 물고, 그리움을 마시며, 그 그리움과 더불어 그리움의 삶을 산다.'고 '그리움의 시인' 이지영을 예찬했다. '멋지고, 아름답고, 황홀하고, 때로는 슬프고, 고독도 할 것이다.'라고 예언도 했다. 그의 '그리움시'를 '이상향적 그리움'으로 묶어서 설명을 한다. '제경험들을 인식' → '자아를 확보하려는 노력' → ('질긴 갈구와 갈증을 잘 승화') → ('끝없는 갈구와 갈증의 시인')(조봉제)으로 압축하고자 한다. 그리고 시의 기법과 형태면에서는 '은근한 詩語 구사력'을 편들고 있다. '일상을 소재로 단아한 언어, 억지없는 가락들'이라 그의 미학을 규정 짓는다. '장황한 수식어도 아예 없다. 그러면서도 삶의 애환을 표현하며, 사물을 유정한 것으로 형상화하는 데에 성공했다. 엄정한 언어의 구사로 표현의 리얼리티도 뛰어나다. 몽롱한 꿈을 여백으로 두는 탁월함도 돋보인다.'는 극찬을 아끼지 않고 있다. 시 '젖은 날의 日記'는 '이 시집의 제호로 내'건 '대표적인 하나'라면서 '현대적 감각과 기교가 비범하고, 그 이미지가 비온날의 수채화처럼 가슴에 진하게 전해온다.'고 풀었다. '이지영은 자기만의 독특한 비법인 양병치 또는 병렬의 묘수를 곧잘 두고 있다.…… 놀라운 형이상학을 발견케 한다. 또 그 비유적 병치나 상반되는 조어법 등은 일종의 충격을 갖게 한다.'며 놀란다. '現在의 삶과 自然因緣을 연민 쪽에서 관조하고, 순결 무구한 사랑, 영혼의 그리움을 전형적인 낭만성과 함께 서정적으로 수용하는 자세도 자못 훌륭하다.'고 꽃잎을 뿌린다. 이 시인을 '감각적 환상적 이미지의 송가' 중년 시인으로 소제목 잡기도 한다. '특히 감각적 환상적 이미지는 눈부시다.'고 박수까지 친다.

金南雄은 그녀의 제2시집 해설 결론 무렵에 가서도 손바닥이 아프도록 박수를 뿌린다. '이지영의 시도 궁극에는 서정시로 귀결된다. 그래서일까, 아직도 초기의 곱고 맑고 밝기만 한 심성을 여전히 아름답게 유지하고 있다.…… 초기의 평면적 미학에서 입체적 미학으로 끌려올렸다.…… 스스로 인생 달관의 경지에 서있다고 찬탄하고 싶다.…… 존경스런 삶의 진면목이다.…… 그와 연관된 모든 지체에서 빛이 나고 있다.…… 푸르른 빛향기다. 수사학적인 세련미로 극치적 섬광을 만끽케도 한다.…… 사상성은 의식 세계 내지는 현실과 대결하는 강인한 정신운동의 선구적 위치에 있음도 믿어 의심치않게 한다. 실로 克名하다.'(이상 金南雄의 이지영 제2시집 해설 발췌 · 인용함)고 결론짓는다. 이러한 꼭두식 극찬 앞에 해설자는 그만 눈이 부셔서 제4시집 '가까운 사람아, 먼 사람아' 해설을 더는 쓰지 못한 채 바쁜 핑계를 빙자하여 1년 가까이 끌며 부담으로 지냈다. 위의 찬사에 대해 누구라도 이지영의 시세계에 세 치 짧은 혀로는 더 이상 격찬할 말을 찾아내기에 정신을 잃어버릴 정도이다. 이 정도의 최대 · 최상의 격찬을 받은 사랑 시인 이지영에게 뒤늦게나마 나도 꼭 할 말을 화두처럼 찾아냈던 것이다. 그건 다름 아닌 '사랑' 간판 앞에 똑바로 제시하는 민족 역사와 한겨레 문화뿌리 정신 미학이라 할 수 있다. 아무도 그녀에겐 '사랑시 · 그리움시'를 덧뵈기로 맛 뵈기만 음미했지 사실 보낸 칭찬만큼 충격적인 날선 충고는 아름답게 쏘지들 않았다.

더구나 '바람부는 언덕에 그리움 하나 심어두고, 흔들리는 잎새가 되어, 파도가 되어, 불꽃으로 혼불로 타는 시를 쓰고 싶었다. 문명속에서 상실되는 모든 것을 아프게 바라보고, 인간의 고향, 사랑을 찾아가고 싶었다.…… 아침까지의 숨소리를 쓰고, 눈부시게 설쳐대는 가을햇살을 쓰고 싶었다.…… 그리움과 사랑은…… 삶에 대한 무한한 경외를 느끼게 한다.…… 그러나 어쩌랴, 허기진 마음을 채워주는 것이 시쓰는 일임을. 거듭나는 마음으로 시를 쓴다.'(시인의 후기에서)는 이 시인의 뒷말('책 끝에') 앞에서는 — 아무도 입을 열 수가 없을 정도다.

그러나 나는 이제 입을 연다. 시집 제목을 '가까운 사람아, 먼 사람아'로 정해놓고, 그의 '사랑시' 77편을 세 차례나 읽고 나서 전면 해체 · 분류한다. 전편 재분류한 후 제5부로 나눈다. 제1부 '사랑 한번 하고 싶다'에 시 '愛人' 등 15편, 제2부 '죽은 가지 화들짝 꽃피면'에 시 '진달래' '봄의 반란' 등 15편, 제3부 '너무 깊은 그리움'에 시 '호반' '봄꽃산' '사랑의 신비' 등 15편, 제4부 '알아서 해주는구나'에 시 '달밤' '눈덮인 산속에서' 등 16편, 제5부 '가까운 사람아, 먼 사람아'에 시 '틈사이로' 등 16편을 에디터 정신 자세로 재편집 해본다. 그러고 나니, 신년 들어 이젠 틈이 좀 생겼다. '사랑시'에 눈먼 '문화'와 '역사' 미학의 불꽃을 당겨보려 한다.

3

시인 洪潤基는 日本 땅에 정형시 와카(和歌)를 처음 전한 사람은 백제인 와니(旺仁)라 증명한다. 왕인은 서기 405년 王子를 王으로 추천하는 시 '難波津歌'를 썼다. 이 시가 日本 최초의 정형시 와카(7 · 5, 5 · 7)인 셈이다.

難波津尒(난파진에는)/ 5
佐久哉比花(잇꽃이 피어있네)/ 7
冬古毛梨(겨울 지난 배)/ 5
今波春辺(지금은 난파진 봄)/ 7
佐久哉比花(잇꽃이 피어있네)/ 7
— 우리말 : 洪潤基 해석에 필자가 덧붙임.

이렇듯 日本의 가요나 정형시도 옛 조선에서 건너갔다. 와카(和歌)는 물론 '萬葉'에서 日本 가요와 정형시 '短歌'가 태어났다. 그래서 日本 대중가요의 트로트풍은 한국계 가수라야 그 음색을 잘 소화해 낼 수가 있다는 것이다.

우리 東夷의 역사와 문화는 이와 같이 깊어서 이웃나라에 영향을 주었을 뿐만 아니라, 연금술도 세계 제일로 뛰어나 일찍이 금속 활자와 문자(가림토: 한글/한문: 韓文)도 禪通한 조상들이 인류 맨 먼저 발명해 냈던 것이다. 악기나 춤사위나 비단짜기 · 장단 · 가락 할 것 없이 어느 것 하나 東夷 · 南夷의 上古朝鮮 · 九麗 것 아닌 것이 없다. 엄밀히 따져 중국 역사 자체가 모두 조선 역사다. 日本 역사 뿌리 역시 마찬가지다.

이에 이지영 시인이 金大圭 金昌稷 金南雄…… 시인들의 분에 넘치는 칭찬을 받았으니, 이젠 '한'걸음 내딛어 우리나라 역사와 문화의 깊은 예술 정신 뿌리에 접을 붙일 때가 되지 않았는가 싶다. 그렇게만 된다면 그녀의 시세계가 객관적으로 한 층 더 빛날 것이 아닌가.

그의 시는 대개 '사랑'을 주제로 삼아 '그리움'을 상대에게 一行으로 쏘고 있다. '사랑화살'에 그리움의 불꽃을 달고, 표적 대상을 향해 일방으로 날아가는 시가 이지영의 '불꽃시'다. 이 사랑 심방 '불꽃시'는 재우쳐 기름에 절여진 다음 젖어있어 누눅하거나 촉촉하기까지 하다. 슬픔과 눈물의 새새벽이슬과도 같은 물끼일 수도 간혹 있다. 自然이 '님'을 대신한 대상일 때는 더욱 그러하다.

시 '녹즙을 갈다가' '편지' '빗금' '密林' '수양버들' '어떤 전화' '바다 2' '愛人'(이상 제1부) '봄노래' '질량의 법칙' '봄의 반란'(이상 제2부) '호반' '봄여자'(이상 제3부) '그림자'(제4부)들이 붓 끝에 밟힐 만한데, 이들의 시가 거의 '사랑祭'에 바쳐질 만한 차례향의 品格들이다. 그 중 시 '녹즙을 갈다가' '편지' '어떤 전화' '愛人' '질량의 법칙' '봄의 반란' '호반' '그림자'들 8편 창작시 성과가 돋보인다. 시 '녹즙을 갈다가'를 옮겨 놓고나 맛 뵈기로 눈여겨보자.

어떤 이의 정숙한 조강지처가 되다가
마지막 연인이 되다가
가슴뛰는 사랑 한번 하고 싶다가
이름없는 풀꽃들판에서
민들레홀씨로 노래하고 춤추다가
바위등같은 그대 마음
새롭게 움직이고 싶다가
먹물갈아 진한 생명의 획을 긋다가
유화에 덧칠 한번 해보다가
방망이 한번 꾸욱 눌러 한숨 돌리다가

한웅큼 생각 또 집어넣고 갈다가
왕성한 역동의 소용돌이
빨치산 기동 타격대에 詩가 걸려
낮은 대로 은밀히 시가 왔다가
詩만 생각하고 있으면 시가 써지다가
어젯밤 메시지가 생각났다가
이세상 온통 우리들 사랑의 속삭임
행복을 다지며 가꾸어가다가
앞으로 알뜰한 일들만 생길 것같다가
한여름 분수를 생각하다가
짧은 봄처럼 지리산 골짜기로 떠나는가.

—「녹즙을 갈다가」 全文

사랑 대상의 불만이 연상법('……다가')으로 거듭 나타난다. 새사랑찾음의 애탊과 목마름일지도 모른다. 즉 사랑의 혼돈 상태인 카오스 상황에서 신선한 산소사랑을 갈구하고 있다. 숨은 화자는 녹즙을 가는 소리·마찰·떪·빛깔·덧칠·놀림·집어넣음·갊·소용돌이·기동 타격대·시음·시써짐·메시지 생각·사랑속삭임·다짐·한여름분수·지리산골짜기·짧은봄 → 떠남으로 뒤에서 의문 부호를 남긴다. 섹스 감각속에 젖어들어 사랑시가 '짧은 봄처럼' 잠시 올가즘으로 올라왔다가는 '지리산 골짜기로 떠나는가.' 다시 반문한다. 연속적인 이미지 통행 이동을 통행 역동적인 공간 이동의 다채로움을 보여주는 연상 입체 교차로시이다.

자정이 지난 창밖은 어둡게 찬비가 내리고 있습니다 슬픔 하나가 밤거리를 뛰쳐나가려하고 있지만 당신은 그 찬빗줄기를 잡아 길을 막아주십니다 내 어지러운 마음 물살로 흔들릴 때 고요히 잠재워주시고 조용히 당신곁으로 나를 불러주십니다 이밤 당신

앞에 앉으면 당신은 지금까지 내 당신께 드린 온갖 투정과 사랑 꽃잎처럼 책갈피에 끼워버리지 않았다가 가만가만히 펼쳐 깨우쳐주십니다 내 온갖 유혹과 사치와 욕망이 당신앞에 앉으면 얼마나 부질없음인가 알게 되고 당신께 가까이 다가갈수록 새벽같이 내 영혼은 맑아집니다 찬비내리는 이밤에도 당신은 붉은노을로 와서 마지막 불타는 모습 보여주시고 나홀로 가는 먼길 따뜻하게 손잡아 같이 가자 하십니다 가만히 눈감으면 당신의 환한 웃음 그 눈빛 그 감기지 않는 눈빛뿐입니다 진실로 진실로 별무덤까지 같이 가자던 당신의 말.

—「편지」 全文

'그리움'의 대상을 희망적으로 파악한 포스트 시다. 흡사 편짓글같이 흘려내려 쓴 줄시이다. '찬비가 내리'는 밤에 '슬픔 하나가 밤거리를 뛰쳐나가려하'지만, '당신'이 나타나 '찬빗줄기를 잡아 길을 막아' 준다. 흔들리는 나를 '고요히 잠재워주'고, '당신곁으로' '불러' 준다. '가만가만히' '깨우쳐' 준다. 사치 · 욕망도 '당신앞에 앉으면' '부질없'어진다. '가까이 다가갈수록' '내 영혼'이 '맑아'진다. '당신'은 '찬비내리는 이밤' '붉은 노을로 와서' '불타는 모습 보여주'고, '홀로 가는 먼길…… 손잡아 같이 가자' 한다. '눈감으면' '환한 웃음 그 눈빛 그 감기지않는 눈빛뿐'이다. '…… 별무덤까지 같이 가자던 당신의 말'—이로써 끝을 맺는다. 기독교적인 '사랑시'이다. '신앙시'이다. 그러나 다분히 인간적인 사랑을 읊었다. 대상은 역시 '그리움'(사랑)이다. '희망'('환한 웃음')이다. '빛'('눈빛')이다. '말'('당신'의)이다. '그리움' = '희망' → '빛 · 말씀'이다. 태초에도 '빛'이 먼저 있었고, '말씀'이 있었고, '사랑(창조)'이 있었다.

시 '빗금'은 대상을 그리워하되 속아픈 비밀 때문에 '울음소리'로 변하게 된다. '비를 좋아하던 그 사람/ 빗금으로 가슴차'(1연 3·4행)기도 하고, '사랑한다/ 빛바랜 너의 그림자/ 몸살 앓았던 속아픈 언어'(4연) '빗물울음소리'(끝연 끝행)로 울리어오는 '그리움'이다. 슬픈 '그리움'이다.

시 '密林'은 짝사랑의 '그리움' — 자연 신비의 '그리움'을 읊었다. 대상을 여전히 사랑하겠다는 결의가 엿보이는 '그리움'의 시이다. '사랑하겠습니다/ 아무도 사랑한 적이 없는/ 原始의 당신을'(첫연 1~3행) '짝사랑'하겠다는 순수한 '그리움'의 시이다. '한없이 당신만을/ 사랑하겠'(2연 끝 2행)다는 헌신적인 '그리움'의 시이다. '먼하늘 둥글게 내 눈을 그려'(3연 끝행)보는 '희망'의 '사랑시'다. '당신이 내 생각않는 그 순간도'(끝연 2행) '사랑하겠습니다'(끝연 1행)라는, '당신을 좋아한 사람이/ 아무도 없었던 것처럼'(끝연 끝 2행) 그렇게 '사랑하겠'(1연 1행 및 끝연 1행)다는 해학적인 아이러니의 '짝사랑 시'다.

시 '수양버들'에 이르면 일방적인 '그리움'이다. '삶' 그 자체가 '사랑'이다.

그대 그리는
몸짓으로 산다
청머루빛하늘
그리운 날
먼지 날리는
신작로 한 켠에서

그대 그리는 몸짓으로
종일을 산다
칭칭 휘어진 가슴에

등불 걸어두고
꽃가루로 훨훨
날아가버리는 당신
산다,
온여름내
버들피리 자지러지게 불며
이 육신 쓰러질 때까지
같은 하늘
이고 가야 할 사랑
그대 부르며 산다.

—「수양버들」 全文

님을 '……그리는/ 몸짓으로' 살고, 에메럴드 빛 가을하늘 '그리운 날' '신작로 한켠에서'(1연) 님을 '……그리는/ 몸짓으로/ 종일을 산다/ ……가슴에/ 등불 걸어두고/ 꽃가루로……/ 날아가버리는' 그대('당신')일지라도(2연) 여름내내 풀피리 '불며' '……쓰러질 때까지' '같은 하늘/ 이고 가야 할 사랑'을 위해 '그대 부르며 산다'(끝연)는 희생정신을 보여준다. 요즘 세대와는 다른 — 서양 윤리와는 다른 — 사랑의 윤리를 제시하고 있다. 유학적인 전통 윤리 풍습의 '사랑' 덕목을 시 '수양버들'에 새겨놓고 있다.

이제 몇 년밖에 남지않았다고 한다
장작불이든 촛불이든
그냥 태우자고 한다
마지막 촛불이 꺼져갈 때
번쩍 솟구치는 불꽃
지뢰를 밟고 터지는
순간의 화력을 위해

차라리
눈이라도
감아버릴까.

—「어떤 전화」 全文

화자는 '어떤 전화'를 받고 사랑의 유혹에 말린다. '이제 몇 년밖에 남지않았'으니, 사랑의 꽃불을 '그냥 태우자고 한다' — 사랑의 불꽃이 다할 때까지 한번 '번쩍 솟구치는 불꽃'을 '지뢰를 밟고 터지'듯 '순간의 화력을 위해' 사랑풍선을 터뜨려 보자는 것이다. 이러한 사랑놀이 유혹을 동경한 나머지 그대로 '동의'해버리려는 화자의 기대 심리가 바탕에 깔려있다. 즉 끝 3행에 나타난 구절 '차라리/ 눈이라도/ 감아버릴까.'에서 그러한 동조(포기) 심리는 여실히 나타난다. 공격(남성)에 대한 여성 특유의 방어 심리(성문을 열어줄까, 말까……)가 잘 묘사되어 있다.

시 '바다 2'에서는 고향의 유혹, 즉 푸른 바다의 유혹을 볼 수 있다. 모든 생명의 고향인 바다의 시원으로 돌아가는 모성 회귀의 현상을 본다. 이러한 현상도 본질적으로는 '큰사랑'이라 할 수 있다.

'폭풍이 지난 후에도/ 젊은 연인들이 빠져죽은 후에도/ 바다는/ 아무말이 없다// 水葬한 자들을/ 건져내/ 火葬해/ 다시 물위에 뿌리는/ 儀式// 바다는/ 결국 처연하구나/ 푸른 유혹으로/ 하얀 포말로/ 언제나.'('바다 2' 全文)

바다는 연인들을 익사시키고도 '아무말이 없다'(1연) 수장된 '사랑'을 '건져내/ 화장'하고 다시 수상('물위에 뿌리는')하는 '의식'을 치르는 생명에 대한 사랑의 외경과 예의(2연). '바다는/ 결국……' 생명을 탄생시키기도 하고, 죽음을 받아들이기도 하는 고향 묘지로써 '처연하'기만 하다. 사랑을 '푸른 유혹으로' 끌어들여 '하얀 포말로/ 언제나.' 승화시키는 母鄕의 역할을 한다. '물'과 '사랑'의 모순과 갈등을 죽음과 삶을 얹어놓고 다뤘다.

시 '愛人'을 읽어보면, 이 시집의 제목인 '가까운 사람아, 먼 사람아'가 잘 이해될 듯도 하다. '그리움'이 어질머리를 일으켜 '님'('愛人')은 가까운 듯 멀고, 먼 듯 가깝게 느껴지는 것이다.

실핏줄 터질 듯한 분홍빛 얇은 꽃잎 떨어진다
담벼락모퉁이 밑둥에서 무너진다
돌덩이에 흙을 덮고 잔디를 입혀 난초뿌리 내리나
흰뿌리의 영혼 얼기설기 얽혀 벌거벗고 춤만 춘다
아니 사랑할 수 없는 당신,
부딪히는 세상에서 시인은 시를 쓸 수 없다
순간의 선택 잘못으로 긴탁류에 휩쓸려 떠내려간다
발바닥이 부르트도록 헤매고, 두 눈은 퉁퉁 부어있다
사슴눈은 초점을 잃고 빛을 잃는다
그러나 아직도 내가 사랑하는 것은, 고무풍선 신나게 불고
그 풍선에 꿈을 매달아 날리면,
그 꿈이 부드럽게 내 볼에 와 비비어주기를 바라는데—,
날마다 비에 젖어 한 발뒤로 물러서서 산다
시달린 영혼 쌓아놓은 것없이 무너질 것도 없는데
어질머리 벌써와 어쩔 것인가.

— 「愛人」 全文

사랑의 대상('愛人'=난초)은 식물이다. '난초'가 인격화되어 나타난다. 그러나 그 '사랑'은 어느덧 '꽃잎 떨어'지고, '밑둥' 조차 '무너지'고 만다. '흰뿌리의 영혼 얼기설기 얽혀 벌거벗고 춤만 춘다' 사랑할 대상은 있으나 '사랑할 수 없는 당신'이다. '시인은 시를 쓸 수 없'는 좌절을 겪고, '휩쓸려 떠내려간다' '두 눈은 퉁퉁 부어있다' 순

수하던 '사슴눈은 초점을 잃고 빛을 잃는다' 후회스럽다. '그러나 아직도 내가 사랑하는 것은, ……' 유년의 꿈('고무풍선')이다. 희망('꿈을 매달아 날리면')이다. 사랑의 해후('내 볼에 와 비비어주기를……') → 그러나 만남은 풍선이라 실망이다. '비에 젖어 한 발뒤로 물러서서 산다' 얻은 것('쌓아 놓은 것')도 없고, 잃을 것('무너질 것')도 없다. 그러나 '그리움' 때문에 '어질머리'가 '벌써와 어쩔 것인'지 모르겠다는 '사랑'의 대상이다. 중년 사랑의 허무가 그려져 있다. 사랑의 무너짐에 대한 '그리움의 체념'도 뒤따른다. '愛人'이 하루아침 '담벼락모퉁이 밑둥에서 무너'져서 그렇다. '터질 듯한 분홍빛 얇은 꽃잎'도 떨어져서 더욱 그렇다. 무너진 '愛人'(화초)이 인격화되어 나타나는 재미의 아이러니 시법이다.

이러한 시는 '봄노래'도 있다. '사랑'(대상)을 부르지만, 그 '님'은 숨어버린다. 다시 '사랑'(봄)을 부른다. 그러나 그 '님'은 꽃잎사이로 져버린다. '죽은가지/ 화들짝/ 꽃피면// 그대 눈길/ 아스름/ 겨울에서 여름으로 숨네// 호출로 불러보는/ 봄/ 진동은 자지러지다가/ 자지러지다가// 방글은 벚꽃잎/ 사이로 지네.'(시 '봄노래' 全文)라는 짧은 시가 아이러니컬하지 않는가. '봄사랑'은 순간적이다.

남의 눈 겁낼 것없는
사랑이라 했다
그런데도 늘 묘수가 필요한
사랑놀이
남자 1백 50에 여자 1백이면
정상이라는 질량 지수
헤어질 때는 넘쳐나는 분량이다가
눈에서 멀어지면
남자 80에 여자 1백 50이 된다

절제에 미숙한 여자는 늘 지치고 힘들다
다 받아주다가는 감당 못할 것같아
속감추고 의연하게 이끌어가는
사랑의 분량 조절이라는 애인의 말
속보이는 핑계일까
다시 샘솟을 사랑을 위해서일까
밀고당기는 묘수는
바둑에만 있는 것이 아니다
그래도 보석같은 사랑의 실존

— 「질량의 법칙」 全文

사랑의 역학 — 사랑놀이의 묘수다. 혈압이라도 재듯 사랑혈압 '남자 1백 50에 여자 1백이면/ 정상이라는 질량 지수'가 어느날 갑자기 뒤집힌다. 오히려 '남자 80에 여자 1백 50이'되는 사랑질량 수치로 바뀐다. 애인(남자)은 절제하고, 여자는 '절제에 미숙'해 '지치고 힘들다.' 사랑에도 '분량 조절'이 필요하다는 '애인의 말'은 '균형'을 위해서가 아니라 오히려 '속보이는 핑계'에 불과한 것일까. 아니면 에너지를 저장해 두었다가 '다시 샘솟을 사랑을 위해서' 방출하기 위해서인가. '밀고당기는 묘수는/ 바둑에만 있는 것이 아니'라 '사랑의 실존'에도 '보석같'이 끼여 존재하는 것이다. 남녀 사랑의 '질량 법칙'을 심리시로 잘 다루어냈다. 사랑의 균형을 서로 유지하기 위해서는 애인 남녀 간에도 '질량의 법칙'이 반드시 필요할 것이다.

섬나라
화산은 폭발해
용암과 화산재를 쏟아내고
반도의 산불은
가난한 산간마을 덮치고

구제역 소들이 도살되어 묻힌다
중국 황사가 돌개바람친다

산성비는 내리는데
잠 못드는 도시
잠 못드는 짐승
잠 못드는 사람들
캄캄한 거리로 내몰린다

—「봄의 반란」 全文

시 '봄의 반란'은 정신적으로 안정되지 않는 현실을 묘사하고 있다. '사랑'에서 밀려나는 인간의 삶을 보여준다. 自然으로부터 밀려나는 인간의 삶이다. 自然愛를 잃은 상황이 제시된다.

이 지구공위의 어느 '섬나라'에는 '화산'이 '폭발해/ 용암과 화산재를 쏟아내고'있다. 이때 우리 나라엔 '산불'이 일어나 '가난한 산간 마을 덮치고/ 구제역 소들'은 '도살되어 묻힌다.' 때마침 '중국 황사' 바람까지 돌개바람쳐(1연)오고, 대지에는 '산성비'가 내린다. '도시'도 '잠 못'들고, '짐승'들이나 '사람들'도 '잠 못드는' 밤에 '캄캄한 거리로'만 '내몰린다.'(2연)는 '— 2000년'(부제)의 상황을 사랑의 공해를 자연 환경의 공황을 인간 세계의 '봄의 반란'으로 규정하며 읊고 있다. '사랑'의 결핍을 노래한 것이다.

이와는 반대로 자연 사랑의 고요한 시 '호반'이 있다.

너는,
너무 깊은 그리움이다
물결로 흔들리는 흰구름 몇 점
공중에 떠있는 새를 품고

산의 하반신까지 끌어안으며
쉴새없이 그리움을 쏘아올린다
호수위를 나는 새는
제그림자 물속에 담고
가까이서 맴돌고 있지만
홀로 찾아온 나는
물끄러미 정지된
너의 모습 바라보다가
그리움의 근처만 서성거린다

—「호반」 全文

일방적인 '그리움'이 '호반'에 잠겨있다. '너는,/ 너무 깊은 그리움이'되어 호수속에 '흰구름 몇 점' 안고 '공중에 떠있는 새를 품고'있다. '산의 하반신까지 끌어안으며/ 쉴새없이 그리움을' 일깨워 솟구친다. '……새는/ 제그림자'를 '물속에 담고/ ……맴돌고 있'다. 그러나 외로운 나그네('홀로 찾아온 나')는 '정지된/ 너의 모습'을 '물끄러미' '바라보다가' 사랑그림자의 변두리('그리움의 근처')만 '서성거'리고 있다. ……일방적인 물속의 '그리움'으로, 사랑의 소외감(그림자)을 읊고 있다. 조용한 '그리움'이다. '너무 깊은 그리움'이 의식의 '호반' 속에 가득히 고여있다.

이 일방적인 사랑놀이에 비해 시 '봄여자'는 맛이 좀 다르다. 사랑의 피해자가 곧 '봄여자'이다.

도마를 두들기는
여자의 손가락이
봄의 향기를 타고
풀밭을 더듬다가

가시에 찔려
손가락 철철 핏물이다

산속까지 온통 물들인다,

—「봄여자」 全文

'봄여자'가 사랑의 피해로 흘린 피는 '온통' '산속까지…… 물들'여 놓는다. '도마를 두'드리던 '여자의 손가락이/ 봄의 향기를' 맡고 '풀밭을 더듬'으러 갔다가 그만 봄사랑의 독인 '가시에 찔려'버렸다. '핏물'은 봄향기를 물들이고, 봄풀밭을 물들이고, '산속까지 온통 물들'여 봄천지를 몽땅 다 '봄여자'의 핏물로 물들여놓는다. 사랑의 피해는 '봄여자'가 입었지만, '봄여자'가 흘린 피는 봄천지를 '물들'여 놓고도 남는다. 한 모성('봄여자')의 상처('피')는 봄대지를 핏빛으로 더럽힐 수도 있었음을 시사해 준다. 모성의 아픔(사랑앓이)은 곧 대지의 아픔(사랑앓이)이니까.

시 '그림자'도 '그리움의 시'가 된다. 허무 → 허상 → 허무 → 허상: 버림 → 숙제 풀기 ← 그래도 안풀림의 시가 '그림자'로 비치고 있다.

빈가지에 몇 잎
어젯밤 집에 가지 못한 내 그림자
걸려있다

숨도 쉬지 못하고
피돌기도 할 수 없는,
더 이상 엽록소꿈은 꿀 수도 없는
겨울그림자,

핏빛울음 토하던 단풍잎들이
절정을 버리고
가볍게 손짓하며 떨어진다

짧은 유혹의 가을처럼
가장 아름다울 때
자신을 버리는 일

오늘은 내 그림자 대신
해결할 수 없는 일을
반가지에
걸어두고 온다.

— 「그림자」 全文

옛시인의 패러디에 속하기는 하지만, 그래도 시인 나름대로 개성을 창출해냈다. 첫 3행('빈가지…… 걸려있다')까지가 '그리움'('집에 가지 못한……')이요, '허무'('그림자')요, '허상'('그림자/ 걸려있다')이다. 2연 1행부터 끝('숨도…… 겨울그림자')까지 숨막히는 적막('숨도 쉬지 못하고/ 피돌기도 할 수 없는,')과 절망('더이상…… 꿈은 꿀 수도 없는')이요, 삭막한 허무('겨울 그림자,')다.

제3연은 버림이요, 이별이다. '단풍잎들이' '핏빛울음'을 '토하던' '절정을 버리고'(버림), '가볍게 손짓하며 떨어'져 내린다는 것은 갈잎의 '이별'이다.

제4연 역시 '버림'의 미학이다. '짧은 유혹의 가을'이 '가장 아름다울 때/ 자신을 버리는' 미학이다. 버리는 사랑의 미학이 '그림자'로 태어나 숙제를 — 안풀리는 숙제를 내준다. '그리움'의 숙제이다.

'내 그림자'가 '걸려있'던 '허무+허상'(첫부분)에서, 이번(끝 5연)에는 '그림자 대신/ 해결 할 수 없는 일을/ 빈가지에/ 걸어두고'오게 되는 것이다. 곧 안풀리는 숙제를 '걸어두고 온' 것이다(끝 5연). 이 숙제는 무엇인가.

바로 '道法自然'이다. '자기몸을 물러나게 하는 것('내 그림자 대신' — 시 '그림자' 끝연 첫줄)이 하늘의 이치인 道이다.'('身退天之道' — '老子道德經' 제5장 '天道章'에서) 道는 '人法地 地法天 天法道 道法自然'을 말한다('老子道德經' 제25장 '象源章'에서). 즉 '사람의 법은 땅, 땅의 법은 하늘, 하늘의 법은 道, 道法은 自然'이므로, 이지영은 시 '그림자'에서 '내 그림자 대신' '道法自然'('해결할 수 없는 일')을 '빈가지에' 숙제로 '걸어두고 온' 셈이다. 이런 사랑도 '자신을 버리는 일'(4연 끝행)에 속한다. 시 '그림자'는 스스로 '身退天之道'가 되었다. 모름지기 동양 사상의 깊이에까지 들어가 있다. 시인은 앞으로 이러한 경지를 기려두고 '사랑시'를 쓰려면 써야 한다. 함부로 서구적인 발상과 속된 문법으로 '사랑'을 건드렸다가는 큰상처만 입고 문단에서 쓸쓸히 돌아서게 될 것이다.

4

이지영은 이제 연습 기간이 끝났다. 제4시집 '가까운 사람아, 먼 사람아'를 계기로 새출발을 하지 않으면 안 된다. 섣불리 '사랑시' '그리움시'를 쓰다가는 '벼랑시'로 낙하하기 쉽다. 이왕 대학에서는 불어를 전공했으니, 서양 철학과 문학은 기본으로 습득이 돼있을 터이므로, 이젠 우리 역사 · 문화사의 미학에 눈을 돌려야 색다른 '사랑시'가 다시 태어날 수 있다. 金南祚는 '神人間'을 '사랑시'로 선택했고, 허영자는 '한'을 '사랑시'로 뽑았다. 두 분 다 一家를 이뤘다. 그렇다면 이지영도 이제 와서 습관처럼 기독적 '사랑시'를 택할 것인가, 아니면 기타 女流들처럼 '괴롭고 슬프다'는 그 '한'을 주제로 눈물뿐인 '사랑시'를 또 쓸 것인가. 확실한 갈래를 잡고 갈 길을 선택해야 獨立詩人이 될 수 있을 것이다. 더구나 '사랑시'를 쓰는 시인으로 이땅에 끝까지 남으려면 우리 민족의 정신 보고를 찾아가는 작업이 지름길일 것이다.

앞으로 누가 칭찬을 하든 그 말을 믿어서는 안 된다. 오히려 좋은 말로 속삭이며 독약을 먹일 수도 있는 것이다. '사랑의 묘약'은 누가 준다고 해서 금방 받아먹어서는 '로미오와 줄리엣'이 될 뿐이다. 이제 시인은 고전을 읽어야 한다. 그래야 '사랑시'의 주제가 깊어지고, 말(言)의 절(寺)을 지을 수 있어 詩를 절창으로 뽑을 수가 있다.

지금까지의 詩人鍊習이면 충분하다. 모든 찬사의 영광을 다시 되돌려 보내고, 새공부로 연마해 '사랑시'에 남다른 一家를 이루기 바란다.

물론 제4시집의 성과를 지나치려는 것은 아니다. 시 '녹즙을 갈다가' '편지' '어떤 전화' '愛人' '질량의 법칙' '봄의 반란' '호반' '그림자' ……들의 성과는 시인과 이 시집을 빛낼 수 있는 詩品들이다. 하지만 민족 정서에 갖다대놓고 보면 어느 맥락에다 그 연원을 맺어주어야 할지 막막하여 뿌리의 본집 기둥을 확실하게 찾을 수가 없다. 그것이 본적 없는 '사랑시'일수록 더욱 그러하다. 장단 가락으로 맺어지든가 아니면 소리로 맺어지든가, 그것도 아니면 토속시어로 맺어지든가, 혹은 정신적인 혈통으로 맺어지든가, 하여튼 본적지의 기둥과 뿌리를 찾아 자기시를 튼튼하게 접목할 일만 남은 것 같다.

사랑법과 사물시

— 이지영 시집 『산 하나 품고』의 시세계

함 동 선 (시인)

1

산문은 "보행(步行)" 시를 "무용(舞踊)"이라고 한 사람은 발레리다. 이 비유는 산문과 시의 두 문학 형식을 우리에게 암시해 준다. 결국 산문은 보행과 같이 "어떤 대상으로 가는 한 행위"이고, 시는 무용과 같이 가야 할 대상이 없는 "그 행위 자체"이다. 다시 말하면 보행은 하나의 대상으로 향하는 행위이며, 그 목적은 그 대상에 닿고자 하는데 있다. 가령 시장에 가서 찬거리를 산다던가, 애인을 만난다던가 어느 쪽이라도 무관하다. 갖고자 한 것을 갖거나 하고 싶었던 일을 마침으로써 그 행위는 소멸된다. 이때의 걸음걸이는 절름발이던, 중풍환자의 걸음이던 간에, 하고자 하는 일 또는 갖고자 하는 것을 가짐으로써 그 행위는 소멸된다. 결과가 원인을 목적이 수단을 흡수한다. 결국 산문의 기능은 무엇인가를 지시하는 메시지의 전달과 뜻을 나타내면 소멸된다. 소멸된다는 것은 언어표현 그것이 목적이 아니고, 단지 수단에 지나지 않는다는 것을 말해준다. 이 때 언어는 소멸되고, 독자의 마음에 지시된 사건, 현상 그리고 표백된 작자의 감정과 뜻만 남는다.

무용도 하나의 행위이지만 궁극의 목적은 행위자체에 있다. 다시 말하면 무용은 춤추는 행위 그것에 궁극이 있고, 행위 속에 목적이 있기 때문에 행위 그것이 소멸되어도 소멸되지 않는다. 그것은 언제나 되살아 끊임없이 되풀이된다. 되풀이된다는 것은 시의 본질이고 예술의 본질적 원리이기도 하다. 이에 대해 서정주(徐廷柱)는 말한다. 산문의 세계는 모든 분산된 것의 기록만으로도 족하지만, 시정신은 모든 복잡성과 분산성을 종합 정리한 최종의 정신이다. 이를테면 저 무용의 여러 가지 행동 표현에서의 최고 절정을 말하는 정지 상태와 같은 것이다. 이 정지 상태는 지난 모든 행동의 정점이요 또 앞으로 할 행동의 잉태이기도 한 것이다. 산문이 원심적인데 비해 시는 구심적이라 할 수 있다는 말이다.

이지영(李知瑛) 시인이 이번에 시집 『산 하나 품고』를 상재한다. 그 동안 낸 시집 『그리움으로 달려가 달빛처럼 젖고 싶다』 『젖은 날의 일기』 『꿈꾸는 밀어』 『가까운 사람아 먼 사람아』 등에 이어 다섯 번째 시집이 된다. 그 동안 이지영 시인이 여러 평자에 의해 주목을 받아온 것은 그의 왕성한 창작활동 및 활발한 문단활동과 무관하지 않다고 본다.

이지영 시인의 시는 첫째 자신의 감성 또는 사상을 표현한 작품이 두드러진다. 이런 점은 호메로스, 이태백, 보들레르 등에서 찾아볼 수 있는 사람의 기본 속성이기도 하다. 우리나라의 김소월(金素月), 서정주에게도 이런 면을 엿볼 수 있다. 그의 시정신이 끊임없이 움직이고 있는 것은 어떤 열망을 갖고 있다는 것을 시사한다. 그에게 완성은 정체를 의미하므로 이룰 수 없는 완성에의 열망이 바람직한지도 모른다. 이런 의미에서 그는 이상주의자가 될 수밖에 없고 대개의 이상주의자가 그렇듯이 인류에 대하여 낙관적일 수밖에 없다. 그러나 역설적으로 실현되지 못할 이상을 가졌으므로 절망과 비판이 따르게 된다. 이런 시의 주인공은 '나'이고, 그 주제는 사랑이었던 것이다.

또 다른 면은 시적 자아의 감성이나 사상을 되도록 억제하고 객관적으로 묘사하기 시작한 점이다. 이런 경우는 화가가 그림을 그리는 듯한 자세로 쓴 시에서 찾을 수 있다. 그림 속에 화가가 들어갈 수 없듯이 시 속에 시인 혹은 시적 자아가 들어갈 수 없는 것이다. 다만 사물을 객관적이고 즉물적으로 묘사하고 있을 뿐이다. 언어의 속성상 절대적으로 객관적이란 있을 수 없지만, 시적 자아의 주관적 판단이나 감정이 배제되어 있다. 이러한 시를 사물시(事物詩)라 한다. 이 시인에게서 이 사물시를 만나게 된 것은 시의 영역을 넓힌다는 점에서 여간 기쁜 일이 아닐 수 없다.

2

이 시인의 사랑법은 다른 여류 시인들의 시세계보다 동적이다. 그것은 생명에의 열정이 안정할 수 없는 치열함과 들끓음 때문이다. 이러한 시적 태도는 다음과 같은 작품에서 찾아볼 수 있다.

나를 가만두질 않는다
나사가 빠져 게으르고 나태해지면
나를 죽이려고 든다
사정없이 두들기고 강물 속으로 집어던지려 한다
죽이는 것은 사랑의 방관자가 아니다
펄펄 끓는 쇳물로 졸이고 졸여 담금질 한다
시시한 사람으로 내버려두질 않는다
완전무결, 여기저기 우뚝 서게 한다
몇 갈래 마음이 소용돌이칠 때

안정제로 가라앉게 해준다
길을 찾아 해답을 주며
나를 진정 삶으로 승화시켜 준다
시간을 같이 하는
사랑이여
죽을 때까지 넘어가는 불의 해처럼
나를 동행케 해다오

— 「사랑 1」 전문

이 시에서의 사랑법은 속도감이 있다. 그렇다고해서 현란한 수사나 전위적 실험 따위가 있다는 것이 아니다. 생명의 근원을 진술하는 치열한 시적진술과 내면적 깊이를 조형하는 솜씨가 놀랍다는 것이다. 사랑에 대한 체험이 명쾌한 표현을 얻음으로써 깊은 울림을 전달한다. 특히 "몇 갈래 마음이 소용돌이칠 때/ 안정제로 가라앉게 해준다/ 길을 찾아 해답을 주며/ 나를 진정 삶으로 승화시켜 준다/ 시간을 같이 하는/ 사랑이여/ 죽을 때까지 넘어가는 불의 해처럼/ 나를 동행케 해다오"와 같은 대목은 예사로운 듯하면서 그의 일상 경험을 전경화하고 있다. 이러한 들끓음과 치열한 사랑이 시 「사랑의 눈빛」과 「동행」에서는 생명의 근원이면서 가족의 의미와 가치가 무엇인가를 보여준다.

살아가는 동안
크고 작은 만남
풀잎으로 스쳐 지나가는 바람
천둥으로 맺는 영원한 동반
소낙비로 적셔 반짝 빛나지만
바람따라 강물따라 흘러 사라지듯
세월 갈수록 희미해진다

살아가는 동안에
작고 크게 와 닿는 사랑
조용히 서 있는 나무로
언제나 그 자리에 산같이 누워
주는 만큼 받는 만큼 껴안는 사랑
장미꽃잎에 떨어지는 빗방울의 첫 울음
꽃진 자리는 또 다른 사랑만이
채울 수 있다

이 세상 살아가는 동안
크고 작은 이별
겨울 들판에 흩어지는 눈발
사라져 보이지 않는 그 누구 때문에
시리도록 차갑게 흐느끼나
영원히 살 것처럼 말하지만
뒷모습도 보지 못한다

—「살아가는 동안」 전문

우리의 삶이 사랑과 이별의 연속이라는 것을 보여 준 작품이다. 옛날 희랍 사랑의 묘비에 "生 愛 死"의 비명(碑銘)을 생각게 한다. 결국 삶, 사랑, 죽음이기 때문이다. 우리의 삶은 행복으로 끝나던 비극으로 끝나던 사랑의 끝은 이별이고, 그 이별의 절정은 죽음이다. 그 누구도 회자정리(會者定離)라는 원칙을 비켜갈 수는 없다. 그래서 그는 "살아가는 동안/ 크고 작은 만남"은 "살아가는 동안/ 크고 작은 이별"이라고 담담하게 노래한다.

우리는 일상에서 많은 사람을 만난다. 또한 아내가 남편을 직장에 보내는 경우이거나 아이를 학교에 보내는 것처럼 많은 이별을 한다. 이 만남과 이별은 사랑의 다른 말이기도 하다. 우리의 삶은 사랑과 이별의 두 극을 오고가면서 이루어진다고 보아진다. 한 극에서 다른 극으로 옮겨갈 때 삶의 긴장이 지속된다. 그런데 우리의 일상은 친구를 만나고 남편을 직장에 보내는 일에 익숙해진다. 익숙해진다는 것은 한 극에 머물러 있다는 것을 말해준다. 그래서 이 시인은 "장미꽃잎에 떨어지는 빗방울의 첫 울림/ 꽃진 자리는 또 다른 사랑만이/ 채울 수 있다"라고 처음 만남의 가슴 떨리는 황홀함으로 사랑을 환기시킨다. 그러나 이 사랑은 "뒷모습도 보지 못한다"는 절망에 빠진다. 이별의 끝은 죽음이기 때문이다. 이 절망의 시 「허무」와 기타의 작품에도 우리의 삶이 우리의 의지와 상관없는 방향으로 흘러가버린다는 사실과 이런 때 인간의 무기력에 대한 탄식이 허무로 드러난다. 그럼에도 불구하고 그의 시가 축축한 감상주의 시와는 거리가 먼 것은 시의 지향이 남다른데가 있었기 때문이 아닌가 싶다.

그의 시는 위에서와 같이 자신의 주관적 정서를 밖으로 나타내는 일면과 자신의 주관적 관념 또는 정서를 배제하고 사물 자체를 객관적으로 형상화하는 일면이 있다. 후자의 경우 시적 자아의 감정을 되도록 억제하고 객관적으로 묘사하려는 경향이 두드러진 것은 그의 시에 나타난 변화인 것이다.

겨울 산그림자
북한강에 잠들고
내 삶도 산그림자에 같이 누인다
해는 서산머리에 졸고
물오리 그림 되어 떠 있는데
잎 떨어진 겨울나무
잔가지만 무성하고
사위(四圍)는 황량한 침묵으로

되돌아설 줄 모른다

— 「적막」 전문

몰려오는 계엄령
눈보라 군단의 대이동
산골마을 덮는다
먹이 잃은 산짐승
포수가 쏜 총에 맞아
백설령에
붉은 피 남기고
도망간다

— 「대설」 전문

이 두 편의 인용시는 대상 즉 사물과의 거리가 없다. 이미지와 사물의 거리가 없어 이미지가 곧 사물이 된다. 그동안 그의 시는 항상 사물과 거리를 두고 거리에 의미부여를 해온 것이다. 사물과 거리를 두고 의미부여를 한다는 것은 결국 그 사이에 관념이나 감정이 끼어들었고, 주관적 정서를 표현했던 것이다. 시 「적막」은 겨울풍경의 쓸쓸함을 직접 토로하지 않고, 그 감정마저 객관적으로 묘사하고 있다. 랜슴은 사물시를 형태적, 공간적, 시각적 존재성을 부여한다고 했다. 이 말을 상기한다면 이 시는 "겨울 산그림자/ 북한강에 잠들고" "해는 서산머리에 졸고/ 물오리 그림 되어 떠 있는데" "잎 떨어진 겨울나무/ 잔가지만 무성하다"는 공간이 시각적으로 조형되어 있다. 이런 공간에 화자가 누워 있는 것이 아니라, 내 삶이 누워 있다는 데 묘미가 있다. 화자가 주체화된 것이 아니라 사물이 주체가 되어 있기 때문에 화자의 감정이나 관념이 들어갈 틈이 없다. 그래서 겨울풍경을 "황량한 침묵"으로 객관화시키고 있다.

시「대설」의 시적 자아는 전혀 모습을 나타내지 않는다. 많이 온 눈을 객관적으로 즉물적으로 묘사하고 있을 뿐이다. 언어의 속성상 절대적으로 객관적이라고 말할 수 없지만, 시적 자아의 주관적 판단이나 감정을 배제하고 있다. 우선 '나'라는 1인칭 주체가 등장하지 않는다. 단지 우리는 눈이 많이 와 먹이를 구하지 못한 짐승이 포수의 총에 맞아 피를 흘리고 도망간다는 시각적 이미지만 볼 수 있다. 마치 영화의 카메라나 화가처럼 그 주체가 드러나지 않는다. 이런 유형의 시를 이미지즘시 또는 사물시라 한다. 그렇다고 해서 이미지스트의 몇 가지 강령과 일치된다고 할 수는 없지만, 그 지향점에서 기대되는 점이 있다는 것이다.

3

이상과 같이 이지영 시의 시집『산 하나 품고』에서 보여준 시세계는 여류시인에게 볼 수 있는 섬세함보다 생명의 근원인 사랑이 치열함과 들끓음으로 표출된 사랑법이다. 이 사랑법은 사람이 산다는 것은 만나고 헤어지는 일의 연속이며, 그리고 그 끝에는 이별이 있다는 것을 극명하게 보여준다. 이 이별에 대한 쓸쓸함이 절망, 허무로 이어지는 것은 이 시인의 나이 탓만이 아니라 우리의 삶 또는 사랑이 우리의 의지와 상관없는 방향으로 흘러간다는 사실의 암시임과 동시에 사람의 무기력에 대한 탄식인 것이다. 이 시인에게 이 사랑법이 안정을 지킬 수 있었던 것은 시적 자아의 감정을 억제하고 사물 자체를 아무런 선입관 없이 객관적으로 형상화한 사물시의 영향이 아닌가 싶다. 그렇다고 해서 그의 사물시가 흄이 말한 "정확하고, 정밀하고, 확실한 서술"의 경지까지 이르렀다는 것은 아니다. 다만 이번의 시집 『산 하나 품고』가 중견 시인으로서의 그의 문학적 성취도는 물론 변화를 바라는 우리 시단에 기여하는 바가 있을 것이라는 기대감에서 그렇다는 것이다.

한편 이 시인의 새로운 모습은 머리글에서 "온몸에 전율을 느끼는 한 편의 시를 남기고 싶다"는 말에 주목한다. 이 "전율"은 빅토르 위고가 보들레르의 시를 읽고 "시의 하늘에 전율을 가져왔다"고 한 '전율' 그것이다. 그런 면에서 위고는 현대시가 가지는 가장 중요한 특질을 예언한 사람인 것 같다. 오늘의 문명 속에 살고 있는 사람들의 시멘트 심장을 꿰뚫을만한 시는 결국 전기 충격과 같은 전율 즉 감동이 있는 시이어야 한다. 오늘날 우리에게 감동이 없는 울림이 없는 시가 범람하고 있는 이 때 더욱 그렇다.

앞으로 이지영 시인의 과감한 시적 변모가 이루어질 때, '전율'을 느끼는 한 편의 시를 쓸 수 있을 것이라고 기대된다.

사랑을 뛰어넘어 求道의 세계로

— 「사랑으로 가는 바람」을 중심으로

李 洧 植
(문학평론가 · 前 文協 부이사장 · 現 青多한민족문학연구소장)

Ⅰ. 들어가는 말

효성여대에서 불문학을 전공한 뒤, 『문예사조』로 등단하여 10여 년간 시작(詩作) 활동에 힘써온 이지영 시인이 시선집 『사랑으로 가는 바람』을 내놓는다.

그 동안 다섯 권의 시집 — 『그리움으로 달려가 달빛에 젖고 싶다』 『젖은 날의 日記』 『꿈꾸는 密語』 『가까운 사람아, 먼 사람아』 『산 하나 품고』 — 에 발표한 400여 편의 작품 중에서 58편을 가려 뽑은 것이다. 여기서 한 가지 덧붙여 둘 일은 이 58편이 그 400여 편 중에서 가장 훌륭한 작품은 아니다. 더 훌륭한 작품들이 많으나 이 시집이 영어로 번역출간하기 위한 밑바탕이 되는 선집이기 때문에 번역이 까다로운 시들은 부득이 제외될 수밖에 없었다 한다.

Ⅱ. 이 詩集의 內容

이 시집에 수록된 작품들은 제재 및 기법에 따라 대략 아래와 같은 네 가지 유형으로 분류해 볼 수 있다.

첫째, 꽃과 단풍을 읊은 시편들

둘째, 사랑의 그리움과 기다림의 미학

셋째, 삶의 반성과 애환 그리고 민족사의 반성

넷째, 시각 위주의 사물시

1. '꽃'과 '丹楓'을 읊은 詩篇들

「꽃」은 세상에서 가장 아름다운 사물이다. 그러기에 아름다운 세계를 창조하는 언어 예술인 시문학의 소재로 예부터 널리 선택되어 왔다. 특히 섬세한 감성을 지닌 여성들에게는 더욱 선호도가 높아, 이(李) 시인의 시선집에는 적지 않은 이런류의 시들이 들어 있다. 「목련」이나 「연꽃」 같은 구체적인 꽃을 시제(詩題)로 한 작품은 말할 것도 없고, 「꽃」에다가 다른 체언을 결합시킨 「벚꽃길」 같은 작품도 있어 무척 다양하다.

이 많은 작품 중에서 구체적인 꽃이 아니라 꽃 전체에서 추상한 바탕 위에 미적 가치만이 아니라 윤리적 가치도 첨가시킨 「꽃」이 눈길을 끈다.

삶 자체가 아름다운
너는 꽃이다
우쭐하지도 오만하지도 않고서

온갖 희열을 전이(轉移)시키는
너는
날마다 새로운 기쁨에 산다

더욱이 그것이
화려하다 금새 지는
생멸(生滅)의 길일지라도
한사코 너는
추하지 않고 비겁지 않아
존경스럽다

순수만이 칠할 수 있는
빛깔과 향기의 무위(無爲)인 너는
초절(超絶)의 삶이다

— 「꽃」 전문

첫 연부터가 단순한 시각(視覺)을 만족시키는 대상(對象)이 아니라, 여러 감각 기관을 동원함으로써 가슴에 감동을 일으키면서, 겉보기만이 아니라 내용과 결부되어 사물의 본질로 파고든다.

이어진 연에선 역설(逆說)에 의해 대상의 덕목(德目)이 확대되어, 멸(滅)하여 추한 존재가 되는 여느 꽃들과 차별화 되는 역설(逆說)을 낳아 '존경스럽다'는 도덕적 가치의 항목이 첨가 된다.

끝 연은 다른 목적을 위한 수단 아닌 그 자체의 존재 — 차라리 '무위(無爲)'라 할 자기 사명에 의해 지상 최고의 지순(至純)한 경지로 승화된다. 자연과 인성(人性)에 대한 통찰과 핵심을 찌르는 표현 기교의 통합에 의해서 가히 초월적 세계를 창출해 내고 있다.

「꽃」과 함께 이 시인이 선호한 또 하나의 제재는 가을을 배경으로 한 「단풍」이다. 이를 시제로 선택한 「단풍」은 이러하다.

너를 끌어안고
불 속으로 뛰어든다.
한숨 같은 하얀 바위도
불화살로 물들이고
겹겹이 진을 치고 달겨드는
백만대군

산하(山下)로 내려오는
시인의 발자국 소리
선명하게 차올라
계곡물 헤집고 흐르다가
벼랑으로 떨어질까
다해가는 생명의 아름다운 절규

—「단풍」 전문

'백만대군'처럼 가차 없이 '달겨드는' 「단풍」 속에서 이 시인은 '다해 가는 생명의 아름다운 절규'를 들은 것이니, 시각적인 사물을 청각적으로 받아들인 공감각적인 파악도 재미있거니와 '아름다운 절규'라는 모순어법 또한 비범하다.

그러고 보니 이 시인에게 있어, 「단풍」은 임에 대한 그리움이나 고귀한 생명의 부르짖음이기에 아름답고 값진 것이고, 「꽃」은 바로 그런 임 앞에 부끄럽지 않아야 하는 자기 삶의 표상이기에 아름답고 존경스럽다고 찬미하고 있는 것이다.

2. 사랑의 그리움과 기다림의 美學

임이 그토록 소중하기에 이 시집에는 자연 임에 대한 그리움과 기다림을 노래한 작품들이 여러 편 보이고 있다. 연작시인 「연가」와 「사랑은」은 새삼 말할 나위도 없고, 「사랑으로 가는 바람」「그리움은 먼 곳에」「그리움으로 달려가 달빛에 젖고 싶다」「기다림」 같은 시제만 봐도 쉽게 짐작이 간다.

그럼 첫 시집의 표제 시이기도 했던 「그리움으로 달려가 달빛처럼 젖고 싶다」를 읽어 보자.

그리움으로 달려가
달빛에 젖고 싶다

휘영하니
맑고 밝은
그대 얼굴

어릴 적
내 사춘(思春)의 영창(影窓)에
와
놀던 왕자여

한 40년…

어찌어찌 깨어보니
애증(愛憎)이란 덤덤이

사모(思慕)침은
아직은
그 예처럼 화안한데

배지시 나리는 은총
낯설어
우옵네다

— 「그리움으로 달려가 달빛에 젖고 싶다」 전문

이 시는 평론가 新毫(신규호)가 "그리움의 상대를 '왕자'로 비유한 것"이라 지적한 것처럼 일종의 송가(頌歌)이다. '40년'이 지나도록 사라지지 않은 점으로 미루어 보아, 그리움의 정도가 얼마나 깊은 것인가를 쉽게 짐작할 수 있다. 그런데, 이쪽이 원하는데도 상대가 들어주지 않으니, 기다리지 않을 수 없는 장기적인 안목을 노래한 것이 「기다림」이다.

비가 오는
수요일은
빨간 장미를
안겨 주세요

시름겨운
가슴
꽃이 되어
활짝 피어나요

비가 오는
주말엔

아이리스 한 아름
안겨 주세요

누군가
말없이 문득 찾아오는
날을
사흘이 멀다 하고
일년을 하루같이
그렇게
그렇게 기다림 해요

— 「기다림」 전문

알기 쉬운 말로 분명하게 노래한 이 시에 대해, 김남웅은 "'그리움은 곧 기다림'의 공식을 합법화(?)하고 있다."고 말하였다.

그러나 사랑에 대한 연연한 갈망과 그 그리움을 비록 '기다림'의 미학(美學)으로 승화시켜도 보지만 언뜻언뜻 기다리는 세월만 쌓여가다 보니 때론 그 사랑의 '목마름'에 투정의 마음이 일지 않을 수 없으리라. 그런 점을 노래한 시가 바로 이 시집의 표제시인 「사랑으로 가는 바람」이다.

어디까지 가는 걸까
사랑의 심연 닿을 수 없어
다시 한 번 길을 물어 찾아간다면
서성이지 말고 바람아 어디든 가라
빛나는 목소리 사랑만의 숨소리 듣기 위해

— 「사랑으로 가는 바람」 3연 중 끝 연

기다려 보는 그 사랑이 기약도 없고 닿을 수도 없다 싶으니 후회롭기만 하다. 운명 지어진 그 사랑만을 찾아 자기처럼 서성일 것이 아니라 어디든 '빛나는 목소리 사랑만의 숨소리'를 들을 수 있다면 가보라고 '바람'에게 충고하고 있다.

요컨대, 이 시인의 사랑은 농도 짙은 강렬한 것이나 상대의 인성과 여건으로 말미암아 쉽사리 이루어지는 것이 아니기에 '그리움'을 '기다림'으로 삭여 가는 애달픈 사랑인 것이다.

3. 삶의 반성과 애환 그리고 민족사의 반성

이 시집의 또 한 가지 특색은 삶의 반성과 애환을 노래하고 또 민족사의 어느 부분을 반성해 보고 있는 작품들이 적지 않다는 점이다. 「세월」「살아가는 동안」「적막(寂寞)」「낙화암」「아—고구려」 같은 작품들이 그 보기이다. 먼저 「세월」은 첫 시집의 벽두를 장식한 작품으로 많은 점을 시사해 준다.

시간은
옷자락 붙들고
춤추며 가자 하고
꽃잎은
천연(天然)의 자태로
노을져 불타가는데

어쩔 수 없구나
인생이란 것
점점 사위어 가고 있는 모닥불

잊히는 타성에서는
황홀키만 한 옛날
그 첫 만남의
섬광(閃光)들

슬픈 눈물
바다야 산아
너, 이리로 오렴!
눈부신 옛 추억들
비단처럼 쭈—욱
내 펴 깔고
그 때처럼 옛날처럼
나를 출렁케 하라

섬 솟듯
솟으며
흐르는 시간에
바람 휘덮여 올 때

나,
새벽처럼 그렇게 동터오고파
먼 데서 안개 무너져 내리는
소리
문득 내 귓전에
들여오는
저어

—「세월」 전문

해설자 김대규(金大圭)는 이 시를 이 시인의 여러 가지 특징과 관련지어, 아래와 같이 해설한 바 있다.

우리는 그 제목이 「세월」이라는 데서 이지영 시인의 정서의 현주소를 알게 되고, "어쩔 수 없구나/ 인생이란 것"이라는 영탄에서 그녀의 노래의 가락을 꼽아볼 수 있으며, "눈물 같은/ 바다야 산아/ 너, 이리로 오렴!"이라는 애소를 통해 시인이 그 얼마나 자연과의 동화를 염원하고 있는가를 암시받게 된다. 그러나 보다 중요한 것은 그녀가 "황홀키만 한 옛날/ 그 첫 만남의/ 섬광들—"로부터 간절하게 "새벽처럼 그렇게 동터오고파" 한다는 사실이다.

이번에는 「살아가는 동안」을 살펴보자.

살아가는 동안
크고 작은 만남
풀잎으로 스쳐 지나가는 바람
천둥으로 맺는 영원한 동반
소낙비로 적셔 반짝 빛나지만
바람 따라 강물 따라 흘러 사라지듯
세월 갈수록 희미해진다

살아가는 동안
작고 크게 와 닿는 사랑
조용히 서 있는 나무로
언제나 그 자리에 산같이 누워
주는 만큼 받는 만큼 껴안은 사랑
장미 꽃잎에 떨어지는 빗방울의 첫 울림

꽃 진 자리는 또 다른 사랑만이
채울 수 있다

이 세상 살아가는 동안
크고 작은이별
겨울 들판에 희뿌옇게 흩어지는 눈발
사라져 보이지 않는 그 누구 때문에
시리도록 차갑게 흐느끼나
영원히 살 것처럼 말하지만
뒷모습도 보지 못한다

—「살아가는 동안」 전문

세 연으로 된 이 시는 각 연에서 '만남' '사랑' '이별'을 다룸으로써 인생을 통찰해 보고 있는 바, 둘째 연이 중심이 되고, 앞뒤 연들은 그것의 양면이라 하겠는데, 시인 함동선은 이렇게 해설을 하고 있다.

이 시인은 "장미 꽃잎에 떨어지는 빗방울의 첫 울림/ 꽃 진 자리는 또 다른 사랑만이/ 채울 수 있다"라고 처음 만남의 가슴 떨리는 황홀함으로 사랑을 환기시킨다. 그러나 이 사랑은 "뒷모습도 보이지 못 한다"는 절망에 빠진다. 이별의 끝은 죽음이기 때문이다.

이에 비추어 보면 이 시인은 비관주의 쪽에 기운성싶은데, 이로부터 벗어나려고 끊임없이 노력해 온 것이 그의 시적 창조 행위가 아니었던가 싶다. 이 시인에게 비관적인 영향을 미친 것은 잘못된 우리의 역사도 한 몫을 한 것이 아닌가 싶다. 그 한 예가 백제 멸망의 비극을 읊은 「낙화암」에도 스며 있는 것 같다.

한 세월 구비 돌아
저무는 백마강
천년의 역사 낙화암을 거닌다

고란초 오십년 수명
목숨으로 이어온 홍망성쇠
백제 의자왕 술청의
한(恨)과 영화가 풀잎에 맺혀
고란사 종각에 잠들어 있고
삼천 꽃송이 만추의 낙엽
적막강산 비처럼 새처럼
펄펄 흩날린다

낙화암 붉은 바위
꽃잎에 덮여
그 옛날 무상을 말해주고
나그네 티끌 한 점
빈 가지에 걸려
긴 여운 춥고 떨린다
치마 덮어쓰고 꽃잎으로 낙화한다

— 「낙화암」 전문

비록 천 년 전의 비극에 가슴 아파하는 이 시인은 그 비극의 원인을 대내적인 상황, 곧 "백제 의자왕 술청의/ 한(恨)과 영화"의 탓으로 보고 있으나, 여기서 대외적인 원인도 망각해서는 안 될 줄 안다. 그것은 다름이 아니라 외세를 끌어들인 나당 연합군의 침공인 것이다. 을씨년스러운 낙화암에서 '춥고 떨리'는 화자의 정황으로 보아, 이 시인도 응당 이를 망각하진 않았을 것이고, 다만 행간에 숨어 있을 것이다.

다음에는 「아— 고구려」로 넘어가자.

몇 천 년의 세월 저쪽
잠시 눈감으면
이끼 덮힌 산 능선 초원의 풀밭 사이로
날쌘 기마병들이 질주한다
동강난 배반의 땅을 떠나
북방 여행을 떠난다
어릴 때 좋아했던 바보온달 평강공주
광개토왕 장수왕이 말 달리던
광대한 평원
원시의 잃어버린 땅
요동벌 만주벌판을 찾는다
생생하고 절실한 혼들의
파아란 불길 역사 속으로 뛰어들어
화석이 된 말발굽소리,
살아 숨 쉬는 야성 고구려를 찾는다
가장 팽창한 국경을 이루고도
국토를 넓히는 대야망
솟구치는 역동의 힘,

요동의 평원을 달리며 그때의 숨결을 느낀다
역사 속에 숨어버린 고구려의 기(氣)를 찾아
자유를 찾아
잃어버린 원시의 땅을 찾으려
떠나고 싶어,
떠나야지

민통선 굳은 철마를 넘어
황새의 날개 달고
요동벌 만주벌판을 날아야지

—「아— 고구려」 전문

과거가 아니라 현재 '동북공정'에 혈안이 된 중국의 고구려사 말살 위기에 즈음하여 고구려사를 지키기 위해 힘을 보태고 있는 이 시는 그 의의가 매우 크다고 아니 할 수 없다.

특히 기마민족으로서 중원을 주름잡던 고구려와 남·북으로 '동강난 배반의 땅'이랄 수 있는 오늘의 조국 현실을 대비적으로 생각해 보며 민족사의 거울로서 고구려의 혼을 불러 일으켜 주고 있다.

4. 視覺위주의 事件詩

또 한 가지 간파해선 안 될 이 시인의 특색은 비교적 후기에 새로이 개척한 시각 위주인 사물 시이다.「적막」「호반」「겨울강」「섬」 등이 그 대표적인 예이다.

우선「적막(寂寞)」부터 살펴보기로 하자. 이 작품을 읽으면 객관적으로 자신을 돌아보는 자세를 발견하게 된다.

겨울 산 그림자
북한강에 잠들고
내 삶도 산 그림자에 같이 누인다
해는 서산머리에 졸고
물오리 그림 되어 떠 있는데
잎 떨어진 겨울나무

잔가지만 무성하고
사위(四圍)는 황량한 침묵으로
되돌아설 줄 모른다

— 「적막(寂寞)」 전문

함동선은 사물시가 형태적, 공간적, 시각적 존재성을 부여하는 시라는 말을 상기시키면서, 아래와 같이 해설하였다.

이 시는 (중략) 공간이 시각적으로 조형되어 있다. 이런 공간에 화자가 누워 있는 것이 아니라, 내 삶이 누워 있다는데 묘미가 있다. 화자가 주체화된 것이 아니라 사물이 주체가 되어 있기 때문에 화자의 감정이나 관념이 들어갈 틈이 없다. 그래서 겨울 풍경을 '황량한 침묵'으로 객관화시키고 있다.

객관화한다는 것은 격정에 사로잡히지 않음으로써, 비관적인 색깔을 한결 누그러뜨리게 되는데 이바지한다.

이어서 「호반」으로 넘어가자.

너는,
너무 깊은 그리움이다
물결로 흔들리는 흰 구름 몇 점
공중에 떠 있는 새를 품고
산의 하반신까지 끌어안으며
쉴 새 없이 그리움을 솟아올린다
호수 위를 나는 새는
제 그림자 물속에 담고
가까이서 맴돌고 있지만

홀로 찾아온 나는
물끄러미 정지된
너의 모습 바라보다가
그리움의 근처만 서성거린다

— 「호반」 전문

이 시는 고정 관념을 털어 버리고, 색다른 착상을 그림 같은 새로운 수법으로 표현한 것이 돋보인다. 삭막한 계절과 관련지어 시각적인 표현을 더욱 구사한 작품이 「겨울강」인데, 그 착상이 참신하다.

그대 짙은 눈썹의 그림자가
늪 속에 침전되어 강이 되었나
언제나 당신을 보면
겨울강이 흐른다

어둠 속에서도
동면(冬眠)하지 않고
물밑으로 솟아나는
뜨거운 정기가 그대에겐 있다
거기 강기슭 억새는
하늘 키만큼 커서 서걱이고
습관처럼 바람까지
이 강에 와 가득 빛난다

활화산 같은 그대
아직도 강은 한참 젊다
돌아보면 끄떡없이

유유하고 도도하고
머얼리 외로운 섬까지
손에 잡을 듯 끊임없이 계속 흐르고 있어
그 물줄기 속
같이 휘감기고 싶은
나의 강

—「겨울강」 전문

'그대 짙은 눈썹의 그림자'에서 연상되는 「겨울강」은 '동면(冬眠)'을 허락지 않는 '뜨거운 정기'로 '억새'를 키움은 물론, 눈에 보이지 않는 '바람까지' '빛나게 하는' '활화산 같은 그대'에게서 비롯된 겨울강은 다름 아닌 '휘감기고 싶은' 화자의 강이기도 한 자타일여(自他一如)의 경지인 것이다.

홍윤기는 이 시에 대해 이렇게 평하였다.

시인은 「겨울강」을 의인법(擬人法)으로서 능숙하게 처리시키는 레토릭(rhetoric)의 기교적인 수사법을 보여준다. 이것을 종래의 서정시의 기교를 극복하는 이미지의 새로운 표현 기법의 인프라스트럭추어(infrastructure)의 제시이기도 하다. 이지영이 새로운 현대시의 기초 구조를 21세기의 한국 시단에서 발휘하고 있는 성싶다.

이렇게 보면, 이지영 시인은 마치 매미의 탈바꿈에 비길 만한 일대 변신을 이룩했다고 할 만하다.

Ⅲ. 나오는 말

이지영 시인은 다섯 권의 시집을 내면서 10여 년간 시작 활동을 해 왔다. 꽃과 단풍을 빌려 남녀 간의 뜨거운 사랑과 기다림의 시를 거쳐, 삶을 반성하고 역사를 반추해 보는 시도 곁들이는 한편, 시각적인 사물시를 쓰는 등등 폭 넓은 시의 세계를 열어 왔고 열어 가고 있다. '10년이면 강산도 변한다'는 우리 속담의 경지를 실감케 해주고 있다. 끝으로 이 글을 마무리함에 있어 「형제」라는 시도 언급해 두어야겠다.

시인이 어머니를 일찍 여의고 난 심정을 끝 연에서 "일상에 발 담그고 사느라/ 흩어진 동생들 챙기지 못한/ 죄만 같은 일/ 이제라도 잠긴 빗장 열어/ 풀무질 해야겠다."고 자기반성을 하고 있다.

'형제'는 민족적으로 확대하면 언어와 문화를 공유하는 동포이므로, 이러한 시심은 60년 이상 지속되어온 분단체제의 극복에도 일조가 되리라 본다.

앞으로도 끊임없는 노력을 계속하여 더욱 대성하기를 바라 마지 않는다.

이지영의 시세계

— 시집 『소멸의 뒤안길』에 부쳐

김 창 직 (문예사조 발행인 · 경기대 초빙교수)

언제 보아도, 이지영 시인의 포근한 인상은 만상(萬象)을 보듬는 아침 햇살만큼 폭이 넓다. 그래서 우리는 정감이 넘치는 그의 낯빛에서 따스한 인간미를 구하게 된다.

지난 1993년 시단(詩壇)에 오른 이래 20여 성상 시만을 다루어 온 고집스런 그의 노력은 마침내 지고한 시 정신이 빚은 큰 수확임을 과시하기에 이른다.

하늘을 품고
산을 안아 주는
대숲에 바람이 인다
댓잎 잎잎 나부끼며
술렁이는 소리

한시도 바람 잘 날 없는
인생사 이야기
풀어 놓고
댓잎에 흐르는 물소리 답 듣는다

죽어 소금을 채워
여덟 번 구워낸 죽염
대통 마다 깎아 내어
낭창낭창 대소쿠리 빚는
노부의 거치른 손

곧고 반듯한 대숲의 향기엔
탄생과 소멸의 이치가 있는 것을,
하늘을 향해
묵묵히 제자리 지키는
대숲의 함성
대숲에 이는 바람이여.

— 「대숲에 이는 바람」 전문

위의 시는 우주만상의 이치를 대나무 숲에 이는 바람소리에 상징화한 것으로 고달픈 인생살이의 역정이 그 속에 축약되고 있다. 곧은 대나무가 숲을 이룬 그 향기에서 탄생과 소멸을 읽어내는 시인의 감흥을 높이 사고 싶다.

오늘 이 시간
불꽃으로 산다
계절 꽃 다 지고
서리 내리는 가을
붉어 붉어 타는 바다
피 쏟아 탄생된 시(詩)
그 기상 그 열정 바람인들 막을손가
늦어도 힘 없어도
단 하나 목숨 걸고 오체투지 일체유심조라

황홀한 집념의 노래
사월 때까지 부르리라
꽃술 하나 하나에 소망 달고
불꽃 심지 높이 올려
불타는 시의 바다 그 절정에 오르리라

—「사루비아」 전문

한 떨기 꽃의 피어나는 과정이 삶의 불타는 집념으로 이루어지고 있음을 형상화한 기지가 별처럼 타오르는 시다.

이지영 시인은 이제 기세 만만한 범선의 기폭을 높이고 아득한 몽상 밖으로 시의 영지(領地)를 넓혀 간다.

이지영의 시세계

— 시집 『육부능선에 서서』

문 덕 수 (시인)

이지영 시인의 제9시집 상재를 축하한다. 시집 한 권 한 권이 소중한 삶의 결실이기에 만만치 않은 인생의 아홉 개 징검다리를 건너온 셈이다. 요약해 본다.

첫째, 이 시집의 모든 작품은 일상생활의 체험을 토대로 하고 있다. "인생이란/ 물음에 답을 할 수 없는 의문부다"(「인생」)라는 대목도 시와 인생의 일치를 신조로 하고 있음을 나타낸다. 시와 인생의 일치는 삶의 진실을 추구하는 시론이다. 진실의 추구가 그의 시의 모토다.

> 아! 남대문 국보1호에 불이 붙었다
> 칠보단청 팔작지붕 불더미로 내려앉고
> 내 가슴도 내려앉고 온 백성 울부짖는다
>
> — 「무거운 침묵」에서

예시에서 보는 바와 같이 이지영의 시는 대부분 자기의 견문, 독서, 자연 등 자기의 생활에서 가져온 것을 제재로 하고 있다. 삶의 진실도 하이퍼적 세계나 초월적 세계에서가 아니라, 경험할 수 있는 생활사에서 찾고 있음을 말해준다. 앞에 든 예시는 역사의 유물인 문화재인 점에서 역사의식이나 애국사상과도 연결될 수 있으나, 일상의 경험 대상이라는 점에서 생활 경험으로 묶을 수도 있다.

둘째로, 작자는 자서에서 시에 대한 새로움에의 의욕을 언급하고 있다. "한갓 과욕에 불과하다고 생각하지 않지만 깊이 있게 공부하면서 쓰지 않고, 다작한다고 자책해 본다"라는 대목이 보인다. 이 대목은 시에 대하여 앞으로 어떤 시를 쓰겠다는 스스로의 다짐을 말한 것으로 생각된다. 단순히 수사적인 반성은 아닌 것 같다. 깊이 있게 생각하겠다는 것과 자책(自責)이라는 대목이 유난히 돋보인다. 그리고 반성이라는 경우 한국시의 발전이라는 미래적 가능성과 깊이 관계되고 또 한편 시와 인생 전체에서 어떤 진리나 진실의 모색과 관련된다 볼 수 있다.

(A)

산의 정상에 서면
온몸 벗어 던지는 자유
깊이 빠지는 사유(思惟)

— 「산이 오라 손짓하네」에서

(B)

받아서 채워지는 가슴보다
주어서 비워지는 가슴이게 하리

— 「기도」에서

(C)

깰 것 다 깨고
부술 것 다 부수고 그래도
엄마는 마지막 보루였다

— 「무언의 의미」에서

(A)(B)(C)는 시상이 다르나 자연 사상(A), 삶의 신조(B), 윤리(C) 등과 관련되는 작품이다. 그가 다짐하고 있는 시와 인생에 전방위적으로 관련된다고 볼 수 있다.

앞으로 더 험난한 징검다리 길이 기다리고 있을지 모른다. 더더욱 좋은 시를 쓰는 뛰어난 시인이 되기를 염원한다.

형이상시법 접목으로 거둔 시적성과 돋보여

박 진 환 (문학평론가 · 문학박사)

1. 前提

해체와 열린시를 표방하고 등장했던 포스트모더니즘도 서서히 쇠퇴기를 맞고 있다. 시의 역사는 그 어느 것도 영원한 시법의 존재를 허락하지 않았고, 주어진 시대마다 그 시대를 수용할 수 있는 容器로서의 새로운 시법을 요구해 왔다.

21C라고 예외일 수 있겠는가. 21C는 21C라는 새로운 시대를 담아낼 수 있는 용기를 요구하고 있고, 그것이 다름아닌 해체의 복원이라고나 할까, 유형시킨 관념의 사면이라고 할까, 제3유형의 시가 제기되면서 새로운 시의 지평을 열고 있다. 이른바 19C적 관념일변도의 시도, 20C적 사물일변도의 시도 아닌 제3유형의 시로 명명되는 형이상시가 그것이다.

주지하다시피 형이상시는 17C에 대두된 형이상적 요소와 형이하적 요소를 양극화로 제시하면서 이를 합일시키기 위한 기발한 착상을 시법으로 하고 있는 시다. 그 때문에 서로 상반, 상충도는 두 대립요소로 갈등을 고소시켰다가 이를 합일시킴으로써 긴장의 이완과 함께 쾌감을 체험하게 하는 일종의 특수한 시적장치에 의해 씌어지고 있는 시다. 그리고 이러한 시는 20C에 들어서면서 신비평시학의 시론을 대표하게 됐고, 이 대표된 시학에 의해 새로이 제기된 것이 제3유형의 시다.

랜슴에 의해 제기된 제3유형의 시는 그래서 랜슴 개인의 것이 아닌 신비평 그룹이 제기한 것이 되고, 신비평이 20C 시법을 대표한다는 점에서 제3유형의 시는 20C의 새로운 시의 지평으로 제시되기도 한다.

제3유형의 시는 관념일변의 배제와는 달리 유형당한 관념을 사면, 형이상적 요소와 사물일변도의 시적 장치를 접목, 형이상적 요소와 형이하적 요소를 적절히 결합시킴으로써 시의 총체성에 기여하고자 하는 시다. 그 때문에 19C적 시와 20C적 시의 장점들을 혼융, 새로운 시의 질서를 획득하고자 한다.

형이상적인 요소로서의 관념과 형이하적 요소로서의 사물을 양극화, 양극화가 노출하는 상반과 상충을 화해시키는 순발력으로서의 위트와 위트만이 이끌어낼 수 있는 합일장치 내지 역할로서의 기능인 컨시트를 매우 중시한다. 그 때문에 양극화와 컨시트는 형이상시의 대표적 시법이자 시학 자체라고 할 수 있다.

여기에 하나를 더 추가한다면 시적 복수라고 할 수 있는 '순수한 통징'의 감행이다. 통징은 징벌의 일종으로서 악에 감행하는 시적 복수라 할 수 있다. 시대적 비리나 부조리, 악행등을 징벌함으로써 카타르시스를 체험하게 하는 순수한 통징은 그래서 시로써 감행하는 악에 대한 문화적 복수라고도 할 수 있다.

이 점에서 순수한 통징은 정서나 관념 유희를 한 차원 이끌어 올린 살아 있는 양심의 육성이라고 할 수 있다는 점에서 형이상시의 또 하나의 대표적 시법이라고 할 수 있다.

양극화, 컨시트, 순수한 통징의 감행으로서의 복수의 시학이 다름 아닌 형이상시이고 이러한 형이상시의 시법을 자신의 시에 접목시켜 형상으로 재구성해 낸 것이 이지영 시인의 이번 10번째 시집이라고 할 수 있을 것 같다.

수록시 70여 편의 시에서 즐겨 발견되는 양극화와 이를 교묘히 결합시켜 시의 새로운 질서를 이끌어내는 컨시트, 그리고 시의 복수라고 할 수 있는 순수한 통징의 감행은 이를 잘 말해주고 있는데 시를 제시, 구체화 했을 때 이해를 도울 것으로 본다.

2. 양극화와 컨시트의 조화

양극화는 형이상시가 본질로 하고 있는 시의 생명이자 성립조건으로서 형이상시의 시법을 대표하고 있다. 서로 이질적이고도 동떨어진 두 극의 대립이 야기시키는 상반과 상충을 교묘히 시의 질서로 이끌어내는 시적 균형을 성립시키는 양극화와 컨시트는 그래서 서로 불가분의 관계를 갖게 된다.

遠引的 비유, 아이러니는 현대시법이 중시하는 시의 성립조건이자 존재 조건이기도 하다. 신비평시학에서 제기한 이러한 시의 조건으로서의 원인적 비유나 아이러니가 다름 아닌 양극화와 이를 결합시켜 시의 질서를 이끌어내는 컨시트의 산물이다. 그 때문에 양극화는 컨시트에 의해 결합될 수 있고, 결합을 위한 전제조건과 함께 형이상시의 존재 및 성립조건이 될 수 있게 된다.

마찬가지로 컨시트도 양극화의 전제 없이는 존재가치를 성립시키지 못한다. 서로 이질적이고도 상반 · 상충의 동떨어짐이 전제하지 않는다면 컨시트의 시적 역할이 필요 없기 때문이다. 이러한 조건 충족의 상보적 역할을 담당한 것이 양극화와 컨시트다. 이쯤에서 시를 제시해 본다.

(가)

커피 잔에 설탕대신
하루치의 고단한 수고로움과
털어내지 못한 역거움과
지우지 못한 부끄러움의 얼굴을
타 마신다
꿀꺽 삼켜버리고 싶었던
체증으로 목에 걸려
넘어가지 않던 것들로
숨통을 쥔 소화불량증의 메스꺼움도
함께 타 마신다

달콤한 설탕보다
쓰디쓴 소금 맛으로
행복함과
불행함을 맛보게 하는
한 잔의 커피
혹은 한잔의 코피

(나)

시작이 있으면
끝 또한 있는 법
이는
시작과 끝이
맞물려 있음이다

일찍이 불가(佛家)에서 이르던
법문(法門)의 깨달음
불이(不二)가

그러하지 않던가

떠나고 보냄이
재회의 기쁨으로 다시
만남이 되듯이

만남이 되어
하나가 되듯이
사랑 또한 그러한 것을
끝나는 곳에서 다시 시작되는
둘이 아닌 것을

(다)
사랑은 그리움이다
그리움을 먹고 살이 찌는
가슴의 미숙아다
사랑이란
잡히지 않는 무지개다
두 가슴 사이에 찬란한 빛의 아치로
걸려 있는
다가가면 물러나버리는
무지개다

사랑이란 외로움이다
외로울수록 커가는
외로움 없이는 성장이 불가능한
발육부진의 지진아다

예시 (가)는 「한 잔의 커피같은」 전문이고 (나)는 「사랑끝 사랑

시작」, (다)는 「사랑이란」 시의 각각 전문이다.

예시 (가)의 종연 '달콤한 설탕보다/ 쓰디쓴 소금 맛으로/ 행복함과/ 불행함을 맛보게 하는/ 한잔의 커피/ 혹은 한잔의 코피'는 양극화와 양극화의 합일을 성립시켜 주는 컨시트, 그리고 '커피'와 '코피'로 언어를 농하는 펀까지를 보여주고 있는데 이는 형이상시의 시법을 자신의 시에 접목시킨 것으로 보아줄 수 있게 한다.

예시 (나)에서의 시행 '시작이 있으면/ 끝 또한 있는 법'이란 '떠나고 보냄'은 분명 서로 상반된 양극화다. 문제는 이러한 양극화에 있지 않고, 이를 '시작과 끝이 맞물려 있음'이라거나 '떠나고 보냄이/ 재회의 기쁨으로 다시/ 만남이 되듯이'나 '만남이 되어/ 하나가 되듯이' 그리고 '끝나는 곳에서 다시 시작되는/ 둘이 아닌 것'이란 서로 이질적이고도 동떨어진 상반·상충의 양극화를 교묘히 합일시켜 주고 있다는 점이다.

그리고 예시 (다)에서의 종연 '사랑이란 외로움이다/ 외로울수록 커가는/ 외로움 없이는 성장이 불가능한/ 발육부진의 지진아다'에 볼 수 있듯이 아이러니란 서로 모순 대립되는 것들을 相反의 均衡으로 합일시켜 주는 시적 기능을 담당하고 있는데 이 합일의 장치 역할을 컨시트가 담당해 주고 있다는 점에서 이지영 시인의 시가 형이상 시법의 접목을 통해 형상으로 재구성되고 있다는 것을 말해주고 있는 것이 된다.

예시 외에도 시 「늙는다는 것은」「꽃보다 아름다운 당신」「무지개를 좇던 일」 등은 양극화와 컨시트의 시법을 잘 보여주고 있어 예시들의 경우를 더 극명히 뒷받침해주고 있다.

양극화와 컨시트의 시법과 함께 형이상시가 중시하는 시법이 '순수한 통징'이다. 이 또한 시를 제시했을 때 이해를 도울 것으로 본다.

(가)

뽀송뽀송 베이비 파우더
침묵의 살인자인 줄도 모르고
아기 엉덩이에 뽀얗게 두들겨 발랐네

수 천 개의 약품, 식품, 화장품에
자궁암 폐암의 발암성 물질이 섞여 있었나니
산다는 것이 온통 발암의 발병지대가 아니었던가

발암의 포위망에 갇혀
하루 하루를 눈금없이 죽어가는
문명시대의 우리네 삶

(나)

바로 보면
그것이 그것이고
또 그것이 그것이다

거꾸로 보는 법
세상을 거꾸로 보는 법을
배워두면
새로운 눈이 열린다

구식으로 사는 것의
아름다움과
신식으로 사는 것의
역겨움과

아름다움과 역겨움
다스리고 사는 법
그것이
거꾸로 본 세상살이다

(다)
촛불을 켜 놓고
눈물을 흘려본 제왕이
있었을까

촛불로 밝힌 밤과 함께
울음으로 밤을 밝힐 줄 아는
제왕이 과연 있었을까

어둠을 몰아내기 위해
손에 손마다 밝힌 촛불
촛불 뒤의 어둠을 보고 손에 촛불을 켜든
그런 제왕이 있었을까

그보다는
어둠을 두려워 할 줄 알고
어둠과 싸워 밝힐 줄 아는
그런
촛불 켜 놓고 우는 제왕이
몇이나 있었을까

예시 (가)는 「석면」 (나) 「거꾸로 본 세상」 그리고 (다)는 「제왕과 촛불」의 각각 전문이다.

예시들은 예외없이 시의 복수라고 할 수 있는 '순수한 통징'을 감행하고 있는데 여기에서 '통징'은 악에 감행하는 복수이자 징벌의 감행이라고 할 수 있다.

예시 (가)에서 볼 수 있듯이 아이의 피부질환이나 피부미용을 위해 엄마들은 즐겨 파우더를 뿌려주기도 하고 발라주기도 한다. 그런데 파우더에 '자궁암 폐암의 발암성 물질이 섞여 있었다는 사실을 뒤늦게 알고' '침묵의 살인자'임을 깨닫게 된다. 그러면서 '발암의 포위망에 갇혀/ 하루하루를 눈금없이 죽어가는/ 문명시대의 우리네 삶'에 가해오는 위기도 함께 깨닫게 된다. 그러면서 '산다는 것이 온통 발암의 발병지대'가 아니었던가로 설의하면서 서서히 죽음으로 밀고 가는 문명의 포위망을 고발 · 비판한다. 일종의 악에 감행하는 고발이자 폭로이며 이를 감행함으로써 악을 교정하고자 하는 악에 대한 복수의 감행이라 할 수 있다.

예시 (나)는 일종의 역설이다. 거꾸로 세상을 보는 법을 배워두면 세상을 보는 눈이 새로 열린다는 역설은 아이러니다. 그러나 이 아이러니 속에는 '구식으로 사는 것의/ 아름다움과/ 신식으로 사는 것의/ 역겨움'이라는 상반 · 상충의 양극화가 들어 있고 동시에 거꾸로 세상을 보아야 바로 보인다는 당돌하면서도 의외적인 컨시트도 작용하고 있다. 그러면서 바로만 보고 사는 가시적 세계가 펼치는 '그것이 그것'이라는 단조로운 현대인의 시계를 꼬집고 있다. 거꾸로도 볼 줄 아는 법과 구식으로 사는 법, 그리고 아름다움과 역겨움을 다스리고 사는 법을 터득하기 위해서는 거꾸로도 세상을 볼 줄 알아야 한다는 시계의 협소화를 꼬집고 깎아내리고 있다는 점에서 통징의 감행임을 알 수 있게 한다.

예시 (다)는 설의법을 통해 의문을 제기함으로써 독자들의 답을 유도해내고 있는데 이는 제왕에 대한 우회적 비판의식을 배후에 깔고 있다. 촛불을 켜 놓고 '눈물 흘려본 제왕' '울음으로 밤을 밝힐 줄 아는 제왕' '어둠을 몰아내기 위해 촛불 뒤의 어둠을 볼 줄 아는 제왕' 그보다는 '어둠을 두려워 할 줄 알고/ 어둠과 싸워 밝힐 줄 아는' 그런 제왕의 존재여부를 설의함으로써 존재에 대한 해명을 독자에게 전가하는 우회적 수법으로 감행한 통징이라고 할 수 있다.

화자가 직접 존재를 단정하지 않고 존재하지 않았음을 독자에게 전가, 이를 일깨워 줌으로써 감행하는 간접적 복수는 설득력을 배가 해주고 있다.

3. 결어

지금까지 본고는 이지영 시인이 열 번째로 상재한 시집 『서울 속의 바다』에 대한 조명을 제시해 본 셈이다.

시는 한 편의 시가 지닌 문학성을 중시, 평가역을 설정할 수도 있고, 시법을 통해 총체적으로 조명해 볼 수도 있다. 그런가 하면 단순히 수록된 시만으로 평가치를 성립시킬 수도 있다.

그 중에서도 본고는 형이상시법을 빌어 이지영 시인의 시를 조명해 본 셈인데 형이상시의 대표적 시법인 양극화와 양극화의 상반·상충을 합일시킨 시법으로서의 컨시트, 그리고 시의 복수라고 할 수 있는 순수한 통징을 빌어 시법별로 구체화 해 본 셈이다.

그 결과 이지영 시인의 열 번째 시집에서는 형이상시법을 자신의 시에 접목시킨 흔적이나 정황은 물론 이에서 나아가 이를 자신의 시에 실천하고 있음을 읽을 수 있게 하는데 이점 이지영 시인이 열 번째 시집으로 거둔 스스로의 변신이자 돋보이는 시적 성과라고 할 수 있을 것으로 본다.

▌이지영 문단 연보▐ 본명 : 이영자(李暎子)

1. 1944년 경북 대구광역시 태생
2. 1967년 효성여자대학교 불문학과 졸업
   - 재학 중 대학신문 편집국장과 대구매일신문 문화부 견습기 자로 활동
   - 시 창작과 발표 및 시화전 개최
3. 1983년~2008년 초등학교 교사 재직 및 퇴임
4. 1993년 1월 월간 문예사조로 등단
5. 1993년 3월 문예사조 문학회 회원 가입
   1999년~2010년 문예사조 문학회 부회장
6. 1994년 1월 문예사조 문학상 수상
7. 1995년 5월 한국문인협회 회원 가입
   1997년~2012년 (현재) 한국문인협회 저작권옹호위원
8. 1995년 8월 한국민족문학회 회원 가입
   1996년~2009년 한국민족문학회 부회장
   2009년~2012년 (현재) 한국민족문학회 명예부회장
9. 1995년 11월 제1시집 '그리움으로 달려가 달빛처럼 젖고 싶다' 상재
10. 1996년 4월 일본시화집, 한국시인특집에 발표 (겨울강, 외)
11. 1997년 10월 밀레니엄문학회 창립회원 등재
    1999년~2012년(현재) 밀레니엄문학회 부회장
12. 1998년 3월 문학21문학상 수상
13. 1998년 5월 국제펜클럽한국본부 회원 가입
14. 1998년 5월 제2시집 '젖은 날의 일기' 생재
15. 1998년 8월 탐미문학상 수상
16. 1999년 1월 프랑스 시 전문지 'JALONS'지에 작품 발표 (사랑 은 외 2편)
17. 1999년 12월 한국민족문학상 수상
18. 2000년 9월 제3시집 '꿈꾸는 밀어' 상재
19. 2000년 12월 황진이문학상 수상

20. 2001년 7월 한국현대시인협회 회원 가입
   2005년~2012년(현재) 한국현대시인협회 중앙위원
21. 2001년 12월 제4시집 '가까운 사람아, 먼 사람아' 상재
22. 2002년 5월 시동인 연합 가입 (밀레니엄문학회 회원)
23. 2002년 11월 황진이문학상 수상
24. 2003년 9월 제5시집 '산 하나 품고' 상재
25. 2003년 10월 출판기념회 (세종문화회관)
26. 2003년 10월 밀레니엄문화예술제 (시화출품)
   - 세계한민족도서관 건립을 위한 예술제
     COEX CONVENTION CENTER GRAND BALLROOM에서
27. 2005년 11월 세계시가야금관왕관상 수상
28. 2006년 12월 제6시집 '사랑으로 가는 바람' 상재
29. 2007년 9월 제7시집 '절망의 층계 쌓기' 상재
30. 2009년 2월 제8시집 '소멸의 뒤안길' 상재
31. 2010년 11월 제9시집 '육부능선에 서서' 상재
32. 2011년 10월 제10시집 '서울 속의 바다' 상재
33. 2012년 10월 제11시집 '이지영 시 선집' 상재

e-mail : leejy135@hanmail.net

눈꽃 사랑

이지영 시선집(제1시집~제10시집)

지은이 • 이지영
펴낸이 • 정찬우
펴낸곳 • 도서출판 밀레
주　소 • 서울 서초구 서초3동 1588-7
석탑오피스텔 210호
대표전화 (02)588-4671~2
FAX (02)588-4673
E-mail • hyunwoot@hanmail.net
hyunwoot@naver.com
등　록 • 제2-4078호 2004년 12월 15일
발행일 • 2012년 10월 10일

값 35,000원

ISBN 978-89-97815-03-6